高等职业教育骨干校建设物流专业规划教材（项目式）

仓储与配送管理实训

孙学农　主　编
张艳华　副主编

中国财富出版社

图书在版编目（CIP）数据

仓储与配送管理实训 / 孙学农主编. —北京：中国财富出版社，2014.6
（高等职业教育骨干校建设物流专业规划教材 · 项目式）
ISBN 978 -7 -5047 -5171 -3

Ⅰ.①仓… Ⅱ.①孙… Ⅲ.①仓库管理—高等职业教育—教材②物资配送—物资管理—高等职业教育—教材 Ⅳ.①F253

中国版本图书馆 CIP 数据核字（2014）第 060208 号

策划编辑 崔 旺　　责任印制 何崇杭
责任编辑 杨 璐　　责任校对 梁 凡

出版发行 中国财富出版社（原中国物资出版社）
社　　址 北京市丰台区南四环西路 188 号 5 区 20 楼　　邮政编码 100070
电　　话 010 -52227568（发行部）　　010 -52227588 转 307（总编室）
　　　　 010 -68589540（读者服务部）　　010 -52227588 转 305（质检部）
网　　址 http：//www.cfpress.com.cn
经　　销 新华书店
印　　刷 北京京都六环印刷厂
书　　号 ISBN 978 -7 -5047 -5171 -3/F · 2117
开　　本 787mm ×1092mm 1/16　　版　　次 2014 年 6 月第 1 版
印　　张 10.5　　印　　次 2014 年 6 月第 1 次印刷
字　　数 218 千字　　定　　价 22.00 元

前　言

随着物流技术的发展，传统的物流理论教学很难使学生掌握物流技术应用和物流管理理论，通过自动化物流设备和现代化物流技术在物流教学上的实现，使学生直接面向生产第一线，能直观、快速地掌握现代物流管理岗位所需要的基础知识和专业技能，牢固地掌握现代物流和计算机基本理论知识，熟悉物流构成要素。

高职教学突出实训，所以课程内容设计与人才培养目标动态化结合，体现了“以社会需求为基础、就业为导向、服务为宗旨、能力为本位”的高职教育思想，把岗位要求作为教学内容与课程体系设计的基本依据。通过实训环节的开展，学生能够了解物流在制造企业和流通企业的重要位置和主要作用，熟悉行业企业的主要运作流程，熟练使用现代物流信息系统和各种物流设施设备，使学生能适应物流企业和企业物流岗位技能和能力的要求。

学生实际技能的培养成为贯穿课程建设的主线。强化实践能力训练，培养综合技术应用能力和职业素养，不仅进行单项实训，而且重视综合实训；不仅进行静态实训，而且重视动态实训；不仅进行技能训练，而且重视职业素养训练；不仅进行理解型、技能型训练；而且重视过程导向型、任务驱动型训练。

该教材在项目设计上突出了职业特色与行业企业的接轨，融教、学、做为一体，并且采用物流企业环境仿真、物流职业岗位模拟、职业角色扮演、仿真业务流程的教学策略，紧密结合企业仓储和配送管理实践，力求体现强化操作、方便使用的特色。本书在编写过程中运用现代物流企业的管理理念，基于供应链的管理思想，在参考现代物流仓储与配送企业为客户提供服务的运作实务的基础上，设计了仓储与配送相关的7个单项实训任务、2个综合实训任务。本书可作为高职院校物流类专业的教材和社会上物流从业人员的培训教材。

本书由孙学农任主编，张艳华任副主编，董秀红、刘婧参编。项目一中的任务一、任务二和任务四由张艳华编写；任务五和任务六由董秀红编写；任务三和任务七由刘婧编写。项目二由孙学农编写。本教材在编写过程中得到了胜大集团胜大超市物流中心的领导和员工的大力支持和帮助，在此表示衷心的感谢。此外，也对本书编写过程中所参考的相关文献资料的作者、译者表示由衷的感谢。

由于作者水平有限，书中难免存在不足之处，敬请广大读者批评指正！

编　者

2014 年 3 月

目　录

仓储与配送实训室简介

一、概况

仓储与配送实训室，占地面积约为600m²，分为6个区：阁楼货架仓储区、自动分拣区、高层货架仓储区、包装设备区、配货区、开放式教学区。主要功能是：满足校内学生、行业从业人员培训；培养横向课题开发的研发团队；成为职业技能鉴定的场所；公共实训基地技术服务中心；面向兄弟院校对口支援。因此，实训室的设备选择以现代物流运作为基础，体现实训室的可操作性和实用性；以物流信息系统及与上下游系统的集成为基础，体现实训室的信息化和供应链一体化；以RFID及RF手持终端、电子拣选设备等的使用，体现实训室的智能化和高效化；以工业级高层货架仓储设备、保税仓储、自动分拣设备及叉车式人工操作仓储的应用为基础，体现物流运作的自动化和实用化。实训室平面布局如下图所示。

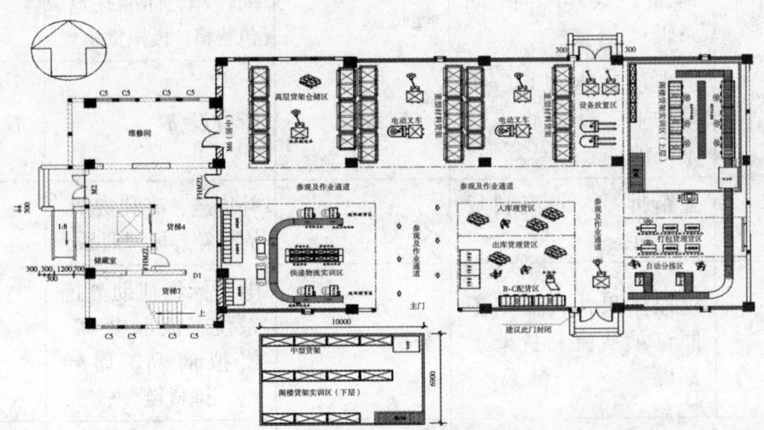

山东东营职业学院物流实训室平面布局图

仓储与配送实训室的建设是基于物流专业自身的特点，以核心的物流活动——仓储和配送为基础，综合了现代管理技术、自动化技术、系统工程技术及现代信息技术等各种技术，不仅能满足学校物流相关专业的实训要求，也为教师提供科研平台。

该实训室的设计改变以往那种让学生学习概念的“游戏型”和演示型实训室状态，而是提供一种学生能够实际参与的环境。其设备曾是国家级、省级大学生技能竞赛项目“现代物流—储配方案设计与执行”的指定使用产品，同时也是学校建设的实训室中最有先进和成熟的，可以实现教学、培训、实践、科研于一体。

二、实习岗位设置表

部门	岗位名称	岗位职能	所在区域	使用设备	实训人数
库管部	信息员	接收出入库信息、核对单证、打印条码、发布信息	管理区	电脑、LED 显示屏	1
	出入库装卸员	装卸、搬运货物	理货区	手推车、周转箱、包装箱	1~2
	出入库检验员	检验出入库货物、签收单证、信息处理	理货区	IT600	1
	入库理货员	拆箱、分装、堆垛、粘贴入库条码	理货区	IT600、条码打印机、周转箱、标准托盘、模拟货物	1~2
	库管员	操作堆垛机及输送线、出入立库管理、货位管理	自动仓储区	立体仓库、堆垛机、入库皮带链、出库滚筒链、控制柜、控制台	1
	出库理货员	集货、装箱、粘贴条码	理货区	周转箱、标准托盘、包装箱、模拟货物	1~2
库工部	设备管理员	巡视实训室现场、指导作业、设备故障基本维护	全区域	所有设备	教师负责
	补货员	整箱拆零，向流利货架补货	分拣区	补货链、流利货架、周转箱、模拟商品	1~2
	拣货员 1	模拟摘果法，根据不同订单从流利货架上拣货	分拣区	电子标签辅助分拣系统、流利货架、模拟商品、周转箱、拣货链	1
	拣货员 2	模拟播种法，根据客户订单显示，将货品分放到相应客户周转箱中	分拣区	电子标签辅助分拣系统、流利货架、模拟商品、周转箱、拣货链	1
配送部	理货员	AGV 小车行走操作、货物包装	理货区	AGV 小车、电脑	1
	跟车员	现场配送实施	全区域	AGV 小车等	1

项目一　单元实训

任务一　仓储与配送设备认知

一、实训目的及内容

（一）实训目的

学生通过实训应掌握仓库常用设备的基本结构、特点和使用原理，并能进行基本操作和管理。

（二）实训学时

4 学时。

（三）实训内容

1. 仓库各种货架的结构认知及使用。
2. 仓库各种承载器具的结构认知及使用。
3. 仓库各种装卸搬运设备的结构认知及使用。

（四）实训地点

经贸管理实训中心（建议到附近企业见习）。

二、实训组织

（一）实训步骤

1. 将学生分成若干个小组，每组大约 10 人，并且只承担一个类别的设备实训任务。

2. 根据指导教师的要求，熟悉各类仓储设备。

（1）各种货架的认知及使用；

（2）托盘的认知及使用；

（3）叉车、起重机的认知及使用。

3. 熟悉各类仓储设备的使用流程。

4. 学生写出实训报告。实训报告参考格式如表 1-1-1 所示：

表 1-1-1　　实训报告参考格式

实训名称：________	班级：________ 姓名：________	日期：________
实训报告内容：		
考核评价： 签字：		

（二）实训要求

1. 学生应遵守实训基地的各项规章制度，服从指导教师的安排。

2. 建议指导老师带学生赴企业见习，学生应带着问题学习，虚心请教企业的师傅，做到应知应会。

3. 学生应做好实训记录，记录学习的收获及心得体会。

（三）实训考核标准

表 1-1-2　　实训考核标准

考核指标	分值（分）
遵守各项制度	20
虚心请教	20
对设备认知正确	30
实训记录认真	10
实训报告完成认真按时提交	20
合计	100

任务二 托盘堆码实训

一、实训目的及内容

（一）实训目的

通过组托练习，使学生不仅能在图纸上画组托示意图，还要使学生明确组托实际操作，注意组托细节，熟悉组托规范，充分了解组托中奇数层、偶数层、俯视图、侧视图的堆码及画法。

（二）实训学时

4 学时。

（三）实训内容

组托练习。

（四）实训地点

经贸管理实训中心。

（五）实训准备

设计组托规则，准备各种规格纸箱若干、托盘若干、封箱器等，适合实训即可。

二、实训组织

（一）实训软件

Microsoft Word、Excel、Visio 等制图、制表软件。

（二）实训硬件

标准图盘、A4 打印机、各种规格纸箱、地牛。

（三）组织框架

根据实训室场地和设备情况而定，可分为 10 ~ 20 组同时实训，每组 2 人，需配备实训软件和实训硬件中所要求的相关软硬件设备。具体组织框架如下：

（1）指导老师：1~3名；

（2）组托实训人员：2名。

（四）人员分工

1. 指导老师：指导解决在实训过程中所出现的问题，管理实训现场秩序、保证安全等；安排实训场地，协调整个实训流程。

2. 组托实训人员：完成组托示意图（如图1－2－1、图1－2－2所示）的制作，实训组托作业。

（五）实训要求

1. 叉车只做垂直运动，不做长距离水平运动。
2. 每托盘在条码扫描侧至少粘贴2个条码。
3. 存放货物顶距不得小于500mm。
4. 累计应收账款超过信用额度的15%，其订单为无效订单。
5. 出库单信息录入必须在入库作业全部完成后进行。
6. 托盘有货不能采用人工搬运。

（六）托盘码放示意图绘制规定

托盘码放示意图绘制要遵循如下规定并至少包含下列信息：
1. 用Word绘图功能绘制示意图，并标明参赛队的抽签号；
2. 画出托盘码放的奇数层俯视图和偶数层俯视图；
3. 在图上标出托盘的长、宽尺寸（以mm为单位）；
4. 用文字说明堆码后的层数；
5. 用文字说明此类商品所需托盘的个数；
6. 将托盘上的货物以浅灰色填涂；
7. 托盘码放时，货物包装物边缘不允许超出托盘边缘20mm。

（七）纸箱规格

每组准备3~5种不同规格的纸箱，每组规格纸箱数量有多有少，使学生在组托实训中不仅要有同一规格纸箱组托训练，也需要有两种或几种不同规格纸箱在同一托盘上的组托训练。

体规格使实训室纸箱规格而定。

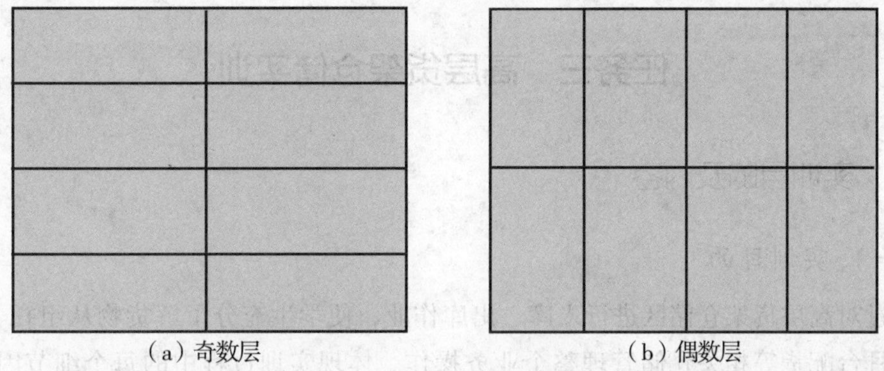
（a）奇数层 （b）偶数层

图 1－2－1 组托俯视图示意

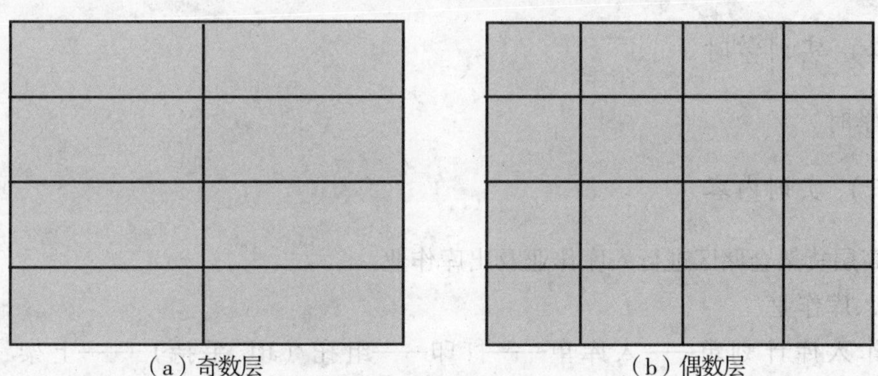
（a）奇数层 （b）偶数层

图 1－2－2 组托侧视图示意

（八）实训评价效果

表 1－2－1 实训评价效果

项目	出现问题	分值（分）	单位	备注
组托	不同物品码于同一托盘上	10	次	同一托盘只能放置同一种物品
	码垛物品不整齐牢固，易垮塌	20	每托盘	
	运输过程中，物品掉落或损坏	25	每箱物品	
	码垛物品外沿超出托盘边缘	15	每托盘	码垛物品外沿超出托盘边缘，视为违规操作
	组托过程中出现抛、丢、踩踏物	5	次	
月台卸货码垛	码垛过程中出现抛、丢、踩踏物	5	次	
	违反大不压小规则	10	次	
	违反重不压轻规则	10	次	

任务三　高层货架仓储实训

一、实训目的及内容

（一）实训目的

通过对高层货架仓储区进行入库、出库作业，使学生充分了解货物从组托、上架、分拣及月台配货等相关仓储管理整个业务操作。体现实训过程中的每个细节因素，从而使学生对整个操作过程的流程了解充分。

（二）实训学时

10 学时。

（三）实训内容

对高层货架仓储区进行入库作业及出库作业。

1. 入库作业

制作入库计划单——入库单——打印——组托（RF 手持）——上架（RF 手持）——上架完成——入库完成——入库单存档。

2. 出库作业

制作出库计划单——出库单——打印——拣选——拣货（RF 手持）——下架完成——出库完成——出库单存档。

（四）实训地点

经贸管理实训中心。

（五）实训准备

指导老师在后台为当前登录用户，添加相应初始信息（仓位信息、托盘信息、物料信息等），实训中所涉及的初始物料信息指导老师可在后台添加，也可由学生登录后在前台添加。分配好组员，初始化后可开始综合实训。

二、实训组织

（一）实训软件

全国物流大赛软件。

（二）实训硬件

高层货架、RF 手持（C5000W）设备、基站 AP、条码打印机（配套耗材）、A4 打印机、标准托盘、地牛、高位堆高车或电动叉车。

（三）组织框架

根据实训室场地和设备情况而定，可分为 7 组同时实训，每组 3 人，需配备实训软件和实训硬件中所要求的相关软硬件设备。具体组织框架如下：

（1）指导老师：1 名；

（2）软件操作人员（组长）：1 名；

（3）RF 设备操作人员：1 名；

（4）作业人员：2 名。

（四）人员分工

1. 指导老师：指导解决在实训过程中所出现的问题，管理实训现场秩序、保证安全等；安排实训场地，协调整个实训流程。

2. 组长：组织本组成员完成从仓储方案到实训操作的整个过程，操作控制软件，协助组员完成实训操作。

3. RF 设备操作人员：使用 RF 设备进行组托、上架、拣选等操作，协助作业人员进行相应实体操作。

4. 作业人员：完成整个实训过程中的作业操作，包括组托、上架、拣选及月台配货等相关实体操作。

（五）实训注意事项

1. 高层货架仓储作业前，请仔细阅读操作人员使用手册或经过指导后再进行。

2. 在进行高层货架仓储作业时，使用重型叉车或相关动力堆高车进行上架或下架操作时，禁止人员进入叉车作业半径，叉车下禁止站立。

3. 托盘组托必须符合规则，整齐。严格遵守大不压小、重不压轻的组托规则，以免在托盘运输过程或上架下架过程中，托盘货物坠落，造成人员伤亡。

（六）实训方案设计

1. 客户档案

（1）万家乐超市

表 1－3－1　　万家乐超市档案

客户编号	2008160902						
公司名称	万家乐超市				助记码	WJL	
法人代表	薛瑾	家庭地址	天津市南口区林南苑 11－3－803			联系方式	27655865
证件类型	营业执照	证件编号	120108754377888			营销区域	塘汉大
公司地址	天津市西城区晚霞路 43 号			邮编	300587	联系人	范威
办公电话	23876590		家庭电话	28657973		传真号码	23876591
电子邮箱	wanjiale@ eyou. com		QQ 账号	2115467907		MSN 账号	wanjiale@ msn. com
开户银行	津广银行			银行账号	5357899765569		
公司性质	中外合资	所属行业	零售业	注册资金	3600 万元	经营范围	食品、日用品
信用额度	1500 元	忠诚度	一般	满意度	高	应收账款	1050 万元
客户类型	普通型			客户级别	B		
建档时间	2008 年 8 月			维护时间	2010 年 6 月		
Web 主页	www. wanjiale. com						
备注：							

（2）红日超市

表 1－3－2　　红日超市档案

客户编号	210055055						
公司名称	红日超市				助记码	HR	
法人代表	李岚	家庭地址	天津市新港区紫竹苑 6－1－102			联系方式	27654878
证件类型	营业执照	证件编号	120108776875375			营销区域	塘汉大
公司地址	天津市滨海区滨海新路 154 号			邮编	300754	联系人	高泽
办公电话	23976580		家庭电话	27654996		传真号码	23976581
电子邮箱	hongri@ yahoo. com		QQ 账号	8754387909		MSN 账号	hongri@ hotmail. com
开户银行	天津商业银行			银行账号	8654909785		
公司性质	民营	所属行业	零售	注册资金	200 万元	经营范围	日用品、食品
信用额度	1000 元	忠诚度	一般	满意度	高	应收账款	9800 元
客户类型	普通型			客户级别	B		
建档时间	2004 年 6 月			维护时间	2010 年 6 月		
Web 主页	www. hongri. com						
备注：							

（3）三星超市

表 1－3－3　　三星超市档案

客户编号	2009012403						
公司名称	三星超市			助记码		SX	
法人代表	李文和	家庭地址	天津市滨海区霞光街水岸渔村 3－301			联系方式	33438679
证件类型	营业执照	证件编号	120103789346338			营销区域	华北地区
公司地址	天津市滨海区新民道 93 号			邮编	300026	联系人	李凯
办公电话	82641893		家庭电话	37827463		传真号码	82641890
电子邮箱	3star@ msn. com		QQ 账号	738496216		MSN 账号	3star@ msn. com
开户银行	海河银行滨海支行			银行账号	156633151029658O		
公司性质	民营	所属行业	零售	注册资金	2000 万元	经营范围	食品、百货
信用额度	18000 元	忠诚度	高	满意度	高	应收账款	12250 元
客户类型	重点型			客户级别	A		
建档时间	2009 年 1 月			维护时间	2010 年 6 月		
Web 主页	www. 3star. com. cn						
备注：							

（4）鑫叶商贸有限公司

表 1－3－4　　鑫叶商贸有限公司档案

客户编号	2012400309						
公司名称	鑫叶商贸有限公司				助记码	XY	
法人代表	张强	家庭地址	天津市红星区红旗家园 2－3－302			联系方式	27543885
证件类型	营业执照	证件编号	120108765436754			营销区域	京津塘
公司地址	天津市滨海区新沙街增 3 号			邮编	300235	联系人	牛红
办公电话	26548965		家庭电话	86436895		传真号码	26548966
电子邮箱	xinye@ yahoo. com		QQ 账号	653262883		MSN 账号	xinye@ haotmail. com
开户银行	中华银行			银行账号	6. 32732E＋14		
公司性质	外资	所属行业	商业	注册资金	600 万元	经营范围	食品、百货
信用额度	1500 元	忠诚度	一般	满意度	一般	应收账款	9500 元
客户类型	普通型			客户级别	B		
建档时间	2007 年 7 月			维护时间	2010 年 6 月		
Web 主页	www. xinyeshangmao. com						
备注：							

2. 出库周报（物动量）信息

（1）出库作业周报（物动量统计）一

表 1－3－5 **出库作业周报一**

制表人： 制表时间： 年 月 日

货品编码/条码	货品名称	出库量（箱）
6901521103123	奥利奥夹心原味饼干	60
6902774003017	青岛啤酒纯生	0
6903148042441	TIPO 鸡蛋奶油面包干	150
6917878007441	伊利金典纯牛奶	900
6918010061360	脆香饼干	146
6918163010887	好丽友薯愿薯片	0
6920855052068	康师傅红烧牛肉面	88
6920855784129	红烧肉罐头	975
6920907800173	黑瓜子	37
6931528109163	红酒	0
6932010061808	松花蛋	80
6932010061815	苦杏仁	400
6932010061822	小粒咖啡	397
6932010061839	可可豆	342
6932010061846	葡萄籽油	100
6932010061853	沙丁鱼罐头	30
6932010061860	营养粥	37
6932010061877	爆米花	21
6932010061884	西点蛋糕	12
6932010061891	章鱼小丸子	60
6932010061907	水果罐头	13
6932010061914	沙拉酱	10
6932010061921	果酒	0
6932010061938	奶粉	0
6932010061945	牛奶	30
6932010061952	腐乳	50
6932010061969	海鲜锅底	31
6932010061976	干拌面	0
6932010062065	蒙牛纯牛奶	2576
6939261900108	薯片	36

（2）出库作业周报（物动量统计）二

表1-3-6 **出库作业周报二**

制表人： 制表时间： 年 月 日

货品编码/条码	货品名称	出库量（箱）
6901521103123	奥利奥夹心原味饼干	0
6902774003017	青岛啤酒纯生	25
6903148042441	TIPO 鸡蛋奶油面包干	20
6917878007441	伊利金典纯牛奶	150
6918010061360	脆香饼干	42
6918163010887	好丽友薯愿薯片	37
6920855052068	康师傅红烧牛肉面	30
6920855784129	红烧肉罐头	65
6920907800173	黑瓜子	7
6931528109163	红酒	37
6932010061808	松花蛋	47
6932010061815	苦杏仁	96
6932010061822	小粒咖啡	106
6932010061839	可可豆	56
6932010061846	葡萄籽油	61
6932010061853	沙丁鱼罐头	30
6932010061860	营养粥	38
6932010061877	爆米花	0
6932010061884	西点蛋糕	36
6932010061891	章鱼小丸子	0
6932010061907	水果罐头	0
6932010061914	沙拉酱	0
6932010061921	果酒	20
6932010061938	奶粉	38
6932010061945	牛奶	0
6932010061952	腐乳	0
6932010061969	海鲜锅底	37
6932010061976	干拌面	20
6932010062065	蒙牛纯牛奶	269
6939261900108	薯片	0

(3) 出库作业周报（物动量统计）三

表 1－3－7　　出库作业周报三

制表人:　　　　制表时间:　　年　月　日

货品编码/条码	货品名称	出库量（箱）
6901521103123	奥利奥夹心原味饼干	50
6902774003017	青岛啤酒纯生	25
6903148042441	TIPO 鸡蛋奶油面包干	0
6917878007441	伊利金典纯牛奶	259
6918010061360	脆香饼干	67
6918163010887	好丽友薯愿薯片	0
6920855052068	康师傅红烧牛肉面	32
6920855784129	红烧肉罐头	1270
6920907800173	黑瓜子	25
6931528109163	红酒	94
6932010061808	松花蛋	59
6932010061815	苦杏仁	380
6932010061822	小粒咖啡	87
6932010061839	可可豆	0
6932010061846	葡萄籽油	0
6932010061853	沙丁鱼罐头	39
6932010061860	营养粥	25
6932010061877	爆米花	0
6932010061884	西点蛋糕	25
6932010061891	章鱼小丸子	20
6932010061907	水果罐头	0
6932010061914	沙拉酱	0
6932010061921	果酒	0
6932010061938	奶粉	26
6932010061945	牛奶	30
6932010061952	腐乳	0
6932010061969	海鲜锅底	0
6932010061976	干拌面	25
6932010062065	蒙牛纯牛奶	570
6939261900108	薯片	26

3. 入库任务

表 1-3-8　　入库任务单

入库任务单编号：R10062301　　　　计划入库时间：到货当日

序号	商品名称	包装规格（mm）（长×宽×高）	单价（元/箱）	重量（kg）	入库数量（箱）
1	好丽友薯愿薯片	595×325×330	160	3	18
2	蒙牛纯牛奶	495×395×320	420	35	36
3	伊利金典纯牛奶	395×295×275	260	16	30
4	奥利奥夹心饼干	395×245×265	180	30	24
5	康师傅红烧牛肉面	330×235×240	240	35	60
6	青岛啤酒纯生	295×245×240	400	18	32
7	TIPO 鸡蛋奶油面包干	460×260×230	300	16	18

4. 客户订单

（1）万家乐超市

表 1-3-9　　万家乐超市订单

编号	商品名称	单位	单价（元）	订购数量	金额（元）	备注
1	康师傅红烧牛肉面	箱	240	7	1680	
2	伊利金典纯牛奶	箱	260	11	2860	
4	青岛啤酒纯生	箱	400	8	3200	
5	蒙牛纯牛奶	箱	420	8	3360	
	合计			34	11100	

（2）红日超市

表 1-3-10　　红日超市订单

编号	商品名称	单位	单价（元）	订购数量	金额（元）	备注
1	伊利金典纯牛奶	箱	260	20	5200	
2	蒙牛纯牛奶	箱	420	50	21000	
	合计			70	26200	

（3）三星超市

表 1-3-11　　三星超市订单

编号	商品名称	单位	单价（元）	订购数量	金额（元）	备注
1	蒙牛纯牛奶	箱	420	12	5040	
2	好丽友薯愿薯片	箱	160	14	2240	
3	康师傅红烧牛肉面	箱	240	9	2160	
4	伊利金典纯牛奶	箱	260	8	2080	
	合计			43	11520	

（七）方案执行及效果评价

1. 方案执行

（1）入库作业

①入库计划：根据设计方案在软件上作出入库计划单，下发指令，进而形成入库作业单，打印两份，一份存档，另一份给作业人员使用。

②组托作业：根据方案设计进行入库物料的组托作业，注意组托原则。

③上架作业：使用叉车或堆高车进行上架作业，根据方案设计的要求指定入库位置的存放，注意动作规范。

④上架完成：完成相应作业操作，上架完成；打印作业完成单，存档。

（2）出库作业

①出库计划：根据设计方案的客户订单的有效性分析，物动量的计划，制作出库计划，指定出库物料、数量、位置；形成出库作业单并打印两份，一份存档，另一份给作业人员使用。

②分拣：根据设计方案及出库作业单进行分拣作业。

③出库确认：完成出库作业；确认库存；打印出库确认单，存档。

2. 操作要求

（1）叉车只做垂直运动，不做长距离水平运动。

（2）每托盘至少粘贴 2 个条码。

（3）存放货物顶距不得小于 500mm。

（4）累计应收账款超过信用额度的 15%，其订单为无效订单。

（5）出库单信息录入必须在入库作业全部完成后进行。

（6）托盘有货不能采用人工搬运。

（7）物动量 ABC 分类计算过程保留 4 位小数，如 12. 3456%。

3. 紧急情况处理

（1）托盘搬运时，组托货物掉下：立刻停止搬运动作，放下托盘，使其平稳地放在地上；重新整体组托方式，检查掉下的货物是否完好。

（2）上架时货物掉下或托盘掉下：上架作业时，叉车下严禁站立人员，出现紧急情况时，闲散人等一律撤离，由老师操作叉车离开，整理掉下的货物或托盘，整理货物，检查是否完好。

（3）其他问题请参考实训室说明书。

4. 指标体系

表 1-3-12　　指标体系

一级指标	二级指标	三级指标	三级指标说明
综合技能理论、储配方案设计	工作准备	1. 封面	题目：储配作业优化方案设计；实训小组名称：××号（抽签顺序号）代表实训小组
		2. 队员分工	制订储配方案时的分工
		3. 工作安排	制订储配方案时的工作内容及职责
	货位优化及制订货物入库方案	4. 物动量 ABC 分类表	能够体现出分类过程和分类结果
		5. 制订货物组托示意图	包括奇数层俯视图、偶数层俯视图
		6. 编制条码	运用 bartender 软件编制托盘条码，并打印。码制：CODE39 8 位，无校验位
		7. 货位存储图	以货架的排为单位，将货位存储情况反映在存储示意图上，在相应货位上标注货物名称
	订单处理及生成拣选单	8. 订单有效性分析	实训小组收到客户订单后，应对订单的有效性进行判断，确定的无效订单予以锁定，陈述理由，主管签字并标注日期
		9. 客户优先权分析	当多个客户针对某一货物的要货量大于该货物库存量时，应对客户进行优先等级划分以确定各自的分配量，并阐明理由
		10. 库存分配计划表	依据客户订单和划分后的客户优先等级顺序制订库存分配计划表，将相关库存依次在不同的客户间进行分配并显示库存余额
		11. 拣选单	拣选单设计要规范、项目齐全；拣选单设计应能减少拣选次数、优化拣选路径、缩短拣选时间，注重效率
		12. 月台码放示意图	绘制 1 号月台的货物码放示意图
	配送运输方案	13. 车辆选型	根据货量、货种、客户要求选择运输方式及运输车辆
		14. 线路优化方案	运用电子地图的线路优化功能，规划所有订单客户点同车配送的距离最短、时间最省的配送线路方案，并写出车辆运行指导方案
	外包准备	15. 外包委托书	各实训小组都要撰写外包委托书，要求格式规范，内容齐全，主要包括委托事项、受托人、委托人、委托时间等，但要留存空白项，以便发生委托时填写。当各实训小组在进行货物入库、拣选、理货实操作业过程中，遇到难以独立解决的困难时，可委托外包给本队指导教师协助解决，此时要填写委托书交与老师备案，无须委托时则不需填写
	编制计划	16. 作业计划	按照时间先后顺序将每位实训小组组员在方案执行过程中的工作内容编制成作业计划，包括设备租赁情况及可能出现的问题预案
		17. 预算表	包括作业过程可能发生的各种费用项目及相应的预算金额，以便与实际发生的费用比较，满足预算编制信息的内容

续 表

一级指标	二级指标	三级指标	三级指标说明
储配方案实施	租赁	1. 租赁作业	选择最佳时机及作业任务需求向租赁中心租赁托盘、叉车、地牛等
	执行入库作业计划	2. 入库准备工作	整理作业现场
		3. 启动 WMS	完成货物信息录入
		4. 组托	按照堆码和商品入库要求，将符合要求的货物科学、合理地码放在托盘上
		5. 入库	完成货物入库操作并指挥叉车工上架作业
	执行出库作业计划	6. 拣选作业	根据拣选单进行拣选作业
		7. 出库	完成各客户所要货物的月台点检、理货

5. 实训效果评价

表 1－3－13　　实训效果评价

项目名称		成本	单位	说明
整个作业操作时间成本		5	分钟	
地牛操作成本	从仓库到月台或者月台到仓库	10	运输托盘每次	
	上架或出库	5	每托盘	适用于货架第一层为地面
	地牛叉错托盘方位无法上架	5	每次	适用于叉错方位无法上架的情况下
人工成本	月台卸货	5	每托盘	
	组托	5	每托盘	
	上架	10	每托盘	适用所摆货的仓位距离地面高度不能超过 0.75m
		15	每托盘	所摆货的仓位距离地面高度超过 0.75m，视为违规操作
		5	每托盘	货位托盘未摆正
叉车操作成本	从仓库到月台或者从月台到仓库	30	运输托盘每次	
	上架或出库	20	每托盘	适用于货架第一层
		25	每托盘	适用于货架第二层
		30	每托盘	适用于货架第三层
		35	每托盘	适用于货架第四层
	叉车叉错托盘方位无法上架	10	每托盘	

续 表

项目名称			成本	单位	说明
租赁托盘			10	个	
外包委托			10	分钟	
组托	不同物品码于同一托盘上		10	次	同一托盘只能放置同一种物品
	码垛物品不整齐牢固，易垮塌		20	每托盘	
	运输过程中，物品掉落或损坏		20	每箱物品	
	码垛物品外沿超出托盘边缘		15	每托盘	码垛物品外沿超出托盘边缘，视为违规操作
	组托过程中出现抛、丢、踩踏物品		5	次	
月台卸货码垛	码垛过程中出现抛、丢、踩踏物品		5	次	
	违反大不压小规则		10	次	
	违反重不压轻规则		10	次	
上架入错货位	入错货位未更改		100	每托盘	
	入错货位更改成本			每托盘	按上述地牛/人工/叉车上架成本计算
拣货错误	未按对应货位拣货	货位错误未更改，并执行拣货	100	每托盘	
		货位错误更改成本		每托盘	按上述地牛/人工/叉车上架成本计算
	未按正确数量拣货		20	每箱	多拣或少拣均按数量增加成本
操作过程中，出现争吵或暴力事件					老师视其情节判罚
租赁地牛未归还			50	台	设备运用完毕
租赁叉车未归还			150	台	设备运用完毕
租赁托盘未归还			20	个	设备运用完毕
作业操作完毕未进行5S			30	次	

任务四　仓库货位编号与商品编号实训

一、实训目的及内容

（一）实训目的

学生通过实训掌握仓库中货位的布置、货位的编号；掌握商品编号，合理地分配货位，提高仓储率。

（二）实训学时

4 学时。

（三）实训内容

1. 认识商品。
2. 商品编号。
3. 货位编号。

（四）实训地点

经贸管理实训中心。

二、实训组织

1. 结合公司储存商品的特点为该公司储存场所编制货位号（如图 1－4－1、图 1－4－2所示）。

（1）平房仓库：PF；
（2）楼房仓库：LF；
（3）简易货棚：HP；
（4）露天货物：LP；
（5）大门：DM；
（6）仓间：CJ。

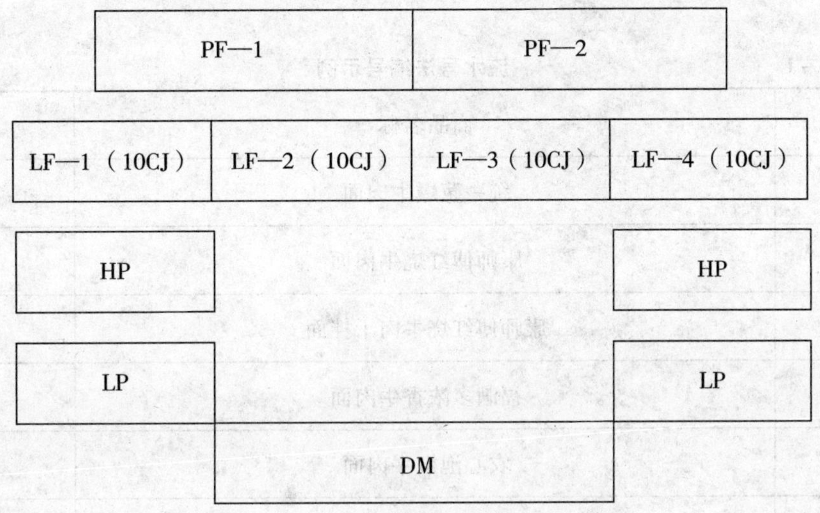

图 1－4－1　公司储存场所货位号编制

LF4—1	LF4—2	LF4—3	LF4—4	LF4—5	LF4—6	LF4—7	LF4—8	LF4—9	LF4—10
LF3—1	LF3—2	LF3—3	LF3—4	LF3—5	LF3—6	LF3—7	LF3—8	LF3—9	LF4—10
LF2—1	LF2—2	LF2—3	LF2—4	LF2—5	LF2—6	LF2—7	LF2—8	LF2—9	LF2—10
LF1—1	LF1—2	LF1—3	LF1—4	LF1—5	LF1—6	LF1—7	LF1—8	LF1—9	LF1—10

图 1－4－2　LF—1、LF—2、LF—3、LF—4 布局（10CJ）

公司规定：

（1）平房仓库：PF—1、PF—2 里放置饮料；

（2）楼房仓库：LF 里放置日用百货；

（3）简易货棚：HP 里放置不能见光的建筑材料；

（4）露天货物：LP 里放置可以见光的建筑材料。

2. 分别用流水号法、数字分段法、分组编号法、实际意义法、后数位编号法和暗示编号法对该商品进行编号。

（1）流水号法：由 1 开始按数字顺序一直往下编，是最简单的编号法，常用于账号或发票编号，属于延展式的方法。如表 1－4－1 所示：

表 1-4-1　　流水号法编号示例

序号	商品名称	编号
1	统一葱爆牛肉面	1
2	康师傅红烧牛肉面	2
3	康师傅红烧牛肉干拌面	3
4	福满多浓香牛肉面	4
5	农心泡椒牛肉面	5
6	农心香菇牛肉面	6
7	狮王牙膏	7
8	高露洁牙膏（酸性）	8
9	高露洁牙膏（碱性）	9
10	佳洁士牙膏	10
11	中华牙膏	11
13	黑妹牙膏	13
14	安利牙膏	14
15	洁银牙膏（水果香型）	15
16	洁银牙膏（留兰香型）	16
17	可口可乐	17
18	百事可乐	18
19	七喜饮料	19

（2）数字分段法：对数字进行分段，让每一段数字代表共同特性的一类货品。如表 1-4-2 所示：

表 1－4－2　　　　**数字分段法编号示例**

序号	商品名称	编号	备注
1	统一葱爆牛肉面	1	1～10 预留给面类
2	康师傅红烧牛肉面	2	
3	康师傅红烧牛肉干拌面	3	
4	福满多浓香牛肉面	4	
5	农心泡椒牛肉面	5	
6	农心香菇牛肉面	6	
		7	
		8	
		9	
		10	
7	狮王牙膏	11	11～21 预留给牙膏类
8	高露洁牙膏（酸性）	12	
9	高露洁牙膏（碱性）	13	
10	佳洁士牙膏	14	
11	中华牙膏	15	
13	黑妹牙膏	16	
14	安利牙膏	17	
15	洁银牙膏（水果香型）	18	
16	洁银牙膏（留兰香型）	19	
		20	
		21	
17	可口可乐	22	22～26 预留给饮料类
18	百事可乐	23	
19	七喜饮料	24	
		25	
		26	

（3）分组编号法：分组编号法是依货品的特性分成多个数字组，每一数字组代表此项货品的一种特性。例如第一数字组代表货品的类别，第二数字组代表货品的形状，第三数字组代表货品的供应商，第四数字组代表货品的尺寸，至于每一个字组的位数要多少视实际需要而定，如表 1－4－3 所示：

表 1-4-3　　分组编号法编号示例

序号	商品名称	编号
1	统一葱爆牛肉面	010101
2	康师傅红烧牛肉面	010201
3	康师傅红烧牛肉干拌面	010201
4	福满多浓香牛肉面	010301
5	农心泡椒牛肉面	010401
6	农心香菇牛肉面	010401
第一个 01 代表面类，第 3、第 4 位代表供应商，第 5、第 6 位的 01 代表碗装		
7	狮王牙膏	020101
8	高露洁牙膏（酸性）	020202
9	高露洁牙膏（碱性）	020201
10	佳洁士牙膏	020302
11	中华牙膏	020402
13	黑妹牙膏	020502
14	安利牙膏	020602
15	洁银牙膏（水果香型）	020701
16	洁银牙膏（留兰香型）	020701
第一个 02 代表牙膏，第 3、第 4 位代表供应商，第 5、第 6 位的 01、02 分别代表碱性和酸性		
17	可口可乐	030101
18	百事可乐	030201
19	七喜饮料	030301
第一个 03 代表饮料，第 3、第 4 位代表供应商，第 5、第 6 位的 01 代表瓶装		

（4）实际意义编号法：依货品的名称、重量、尺寸、分区、储位、保存期限或其他特性的实际情况来考虑编号。此方法有一特点，即由编号即能了解货品的内容，如表 1-4-4 所示：

表 1-4-4　　实际意义编号法编号示例

序号	商品名称	编号
1	统一葱爆牛肉面	F00101
2	康师傅红烧牛肉面	F00101
3	康师傅红烧牛肉干拌面	F00101

续 表

序号	商品名称	编号
4	福满多浓香牛肉面	F00101
5	农心泡椒牛肉面	F00101
6	农心香菇牛肉面	F00101
F0 代表食物，第一个 01 代表 150 克每碗，第二个 01 代表 10 碗一箱		
7	狮王牙膏	YG0101
8	高露洁牙膏（酸性）	YG0202
9	高露洁牙膏（碱性）	YG0202
10	佳洁士牙膏	YG0303
11	中华牙膏	YG0303
13	黑妹牙膏	YG0401
14	安利牙膏	YG0101
15	洁银牙膏（水果香型）	YG0604
16	洁银牙膏（留兰香型）	YG0604
YG 代表牙膏，第 3、第 4 位代表规格，第 5、第 6 位代表包装		
17	可口可乐	D0101
18	百事可乐	D0101
19	七喜饮料	D0101
D 代表饮料，第一个 01 代表规格，第二个 01 代表包装		

（5）后数位编号法：运用编号末尾的数字，来对同类货品作进一步的细分，也就是从数字的层级关系来看出货品的归属类别。

例如：编码　　　　　　　商品类别

380　　　　　　　服饰

390　　　　　　　女装

391　　　　　　　上衣

391. 1　　　　　　衬衫

391. 11　　　　　 白色

即：380390391391. 1391. 11　服饰　女装　上衣　衬衫　白色

（6）暗示编号法：用数字与文字的组合来编号，编号本身虽不直接指明货品的实际情况（与实际意义编号法不同），但却能暗示货物的内容。这种方法的优点是容易记忆，但又不容易让外人了解，如表 1－4－5 所示：

表 1－4－5　暗示编号法编号示例

序号	商品名称	编号
1	统一葱爆牛肉面	FD0101
2	康师傅红烧牛肉面	FD0102
3	康师傅红烧牛肉干拌面	FD0102
4	福满多浓香牛肉面	FD0103
5	农心泡椒牛肉面	FD0104
6	农心香菇牛肉面	FD0104
FD 代表食物，01 代表规格，第 5、第 6 位代表供应商		
7	狮王牙膏	YG0101
8	高露洁牙膏（酸性）	YG0202
9	高露洁牙膏（碱性）	YG0202
10	佳洁士牙膏	YG0303
11	中华牙膏	YG0304
13	黑妹牙膏	YG0405
14	安利牙膏	YG0106
15	洁银牙膏（水果香型）	YG0507
16	洁银牙膏（留兰香型）	YG0507
YG 代表牙膏，第 3、第 4 位代表规格，第 5、第 6 位代表供应商		
17	可口可乐	D0101
18	百事可乐	D0102
19	七喜饮料	D0103
D 代表饮料，01 代表规格，第 5、第 6 位代表供应商		

任务五　阁楼拣选区操作实训

一、实训目的及内容

（一）实训目的

通过对阁楼拣选区进行电子标签的入库、出库作业，使学生充分了解散件货物从装箱、拆零、包装、补货及拣选，全自动化补货、分拣及月台配货等相关仓储管理整个业务操作。通过关注实训过程中的每个细节因素，使学生对整个操作流程了解充分。

（二）实训学时

8学时。

（三）实训内容

对阁楼拣选区进行电子标签的入库作业、出库作业、阁楼补货拣选作业。

1. 入库作业

入库计划单——入库单——卸货——验货——安排仓位——发送——补货作业（电子标签）——补货确认——入库完成。

2. 出库作业

出库计划单——出库单——拣选——拣选作业（电子标签）——月台配货——出库完成。

3. 阁楼补货拣选作业

输入条码——选择出口——打印条码——粘贴条码——包装封箱——打包——配送。

（四）实训地点

经贸管理实训中心。

（五）实训准备

指导老师在后台为当前登录用户，添加相应初始信息（仓位信息、物料信息等），实训中所涉及的初始物料信息指导老师可后台添加，也可由学生登录后在前台添加。分配好组员、初始化后可开始综合实训。

二、实训组织

（一）实训软件

输送线监控系统和DPS系统、输送线监控系统。

（二）实训硬件

阁楼货架及其配套的出入库滚筒硬件设备、条码打印机（配套耗材）、A4打印机、标准物料盒、标准托盘、打包机、电子称及纸箱等。

（三）组织框架

根据本实训室场地和设备情况而定，可分为1组同时实训，每组18人，需配备实训软件和实训硬件中所要求的相关软硬件设备。具体组织框架如下：

（1）指导老师：1～3名；

（2）软件操作人员（组长）：2名；

（3）补货作业人员：4名；

（4）电子标签作业人员：4名；

（5）分拣作业人员：2名；

（6）分拣口作业人员：4名；

（7）配送人员：2名。

（四）人员分工

1. 指导老师：指导解决在实训过程中所出现的问题，管理实训现场秩序、保证安全等；安排实训场地，协调整个实训流程。

2. 软件操作人员（组长）：组织本组成员完成从仓储方案到实训操作的整个过程，分别操作输送链监控系统和DPS系统软件，打印粘贴条码等，可协助组员完成实训操作。

3. 补货作业人员：补货作业人员共4名，分别是总补货人员各2名，主要任务是将散件物料装入物料盒，粘贴条码，并按照软件操作人员所给出的电子标签入库单判断物料是阁楼上补货还是阁楼下补货，决定将装有物料的物料盒放置在那条滚筒上面。

阁楼下补货人员1名，将总补货人员放置在阁楼下补货滚筒线上的物料盒拿下来，放置在手推车上，并运至电子标签作业人员处。连续补货时，防止阁楼下补货滚筒线上的货物发生滑落。

阁楼上补货人员1名，将总补货人员放置在阁楼上补货滚筒线上的物料盒拿下来，放置在手推车上，并运至电子标签作业人员处。连续补货时，防止阁楼上补货滚筒线上的货物发生滑落。

4. 电子标签补货人员：电子标签分为三灯四位电子标签和单灯五位电子标签两种，且这两种又分为四个区域，分别是“四位电子标签A区”、“四位电子标签B区”、“五位电子标签A区”和“五位电子标签B区”。电子标签补货的4人分别作业于每个区域，实施摘取式和播种式操作。

5. 分拣作业人员：分拣作业人员2名中，阁楼上下层各1名，作业于将电子标签作业人员在月台分配好的货物放置在阁楼上下层的分拣滚筒上进行分拣作业，检查条码是否粘贴，是否对准着条码扫描侧。

6. 分拣口作业人员：分拣口作业人员 4 名，分别作业于阁楼分拣区 4 个分拣口，将分拣出来的物料进行按客户订单分类装箱、称重或计件、打包后放置在托盘上面，并标明订单信息。

7. 配送人员：配送人员 2 名，协助分拣口作业人员包装好的物料堆码在托盘上，保持组托规则。订单完成后，按照订单将分拣好的物料使用地牛运至货物收发区域。

（五）实训注意事项

1. 操作阁楼分拣与补货系统前，请仔细阅读操作人员使用手册或经过指导后再进行。

2. 分拣补货作业时，禁止实训人员进入提升机内。提升机是连续翻转的，人如果进去相当危险，请注意！

3. 分拣补货作业时，禁止实训人员用手去遮挡补货、出口或分拣顶升平移机的感应设备。

4. 阁楼分拣与补货系统上有两个状态：手工状态、自动状态，前一个状态仅供调试或维护人员使用，若擅自使用，后果自负，实训时，确认为自动状态。

5. 阁楼分拣与补货系统默认为自动状态，分拣补货操作由阁楼分拣与补货系统直接进行，遇紧急情况或故障时，按控制中心【急停】按钮可立即停止所有操作。

6. 补货作业时，需有作业人员在补货滚筒末端操作，当多货物连环补货时，需及时将快到达末端的货物拿下，放进流利货架或中型货架内。

7. 作业完成后，需要先关闭控制中心的【急停】按钮，再关闭总电源。

方案的实施数据同上一项目。

任务六　仓储管理系统操作实训

一、实训目的及内容

（一）实训目的

学生通过实训掌握仓库主要作业的操作流程。

（二）实训学时

4 学时。

（三）实训内容

利用软件系统模拟货物入库、出库流程。

（四）实训地点

经贸管理实训中心。

二、实训组织

1. 仓库作业流程

表 1－6－1　　仓库作业流程

流程	相关岗位	主要操作	注意事项	涉及单据
入库 货物接运 ①　入库验收 ②　入库交接 ③	①接货员、验收员 ②检验员、搬运工、理货员 ③保管员、检验员	①直接与送货人员办理接货、验货手续，检查酒箱外包装是否完好，清点数量，做好验收记录 ②根据入库单核对物资，摆放、堆码物资 ③交接手续	①仔细检查货物的完整性，如有破损或短少等问题要及时与送货人员沟通 ②要求细心谨慎，对入库单上的信息详细阅读并认真核对 ③注意登记，检验货物，核对入库单	a. 送货人货物单据、入库凭证 b. 入库单、验收单 c. 签收单
在库 理货 ①　堆码作业 ②　垫垛 ③　货垛牌 ④	①理货员、仓管员 ②仓管员、搬运工 ③仓管员、防损员 ④仓管员	①检查货物箱数及质量 ②将货物堆码，按照同一品牌有规则的堆垛（高度不超过 6 层） ③利用托盘及相关工具将货物托起，离地面 5cm 的高度，防潮 ④对货物所在方位进行编码，方便查找	①确定数量，初步抽查质量，确定外包装是否完好 ②货物为玻璃瓶装，注意底层承压能力 ③注意垫垛通风，及衬垫物的承压能力 ④要将货垛牌标识清楚	a. 仓库保管单 b. 堆垛清单（便于以后检查）

续　表

流程	相关岗位	主要操作	注意事项	涉及单据
出库：核单①、备货②、复核③、点交④、登账⑤、清理⑥	①仓管员 ②仓管员、搬运工 ③仓管员 ④仓管员 ⑤仓管员、会计 ⑥仓管员、搬运工	①核查发货单据 ②按照出库单进行备货作业 ③对备好的货物进行核对检查 ④与接货人员进行交接，并签收出库单据（签字、盖章） ⑤填写实发数、日期、签字，货主办理货款结算 ⑥清理现场，为下一批货物清场；核对余额	①核对出货方的出库凭证及核对货物的详细信息 ②清查备货商品 ③仔细核对出库单据的数据及出库货物是否符合 ④防止串发和错发 ⑤防止漏记和错记账 ⑥妥善处理杂物	a. 出库凭证 b. 提货单 c. 账单 d. 销账单

2. 模拟货品出库

表 1－6－2　　模拟货品出库流程

流程图	岗位	主要操作内容	注意事项	涉及单据
××有限责任公司电话上门提货 ↓	××仓储有限责任公司的电话接听员	1. 记录××有限责任公司的联系人×××，联系方式×××提货地址××路××号 2. 记录酒水的品种、数量、规格、提货时间	联系人，联系方式，提货地址酒水的数量、规格、提货时间（记清楚）	
填写提货运行卡 ↓	××仓储有限责任公司的电话接听人员	填写“提货运行卡”	认真填写，避免出错	提货运行卡
开单 ↓	业务员	开单填写字迹工整，信息准确，避免有单无货或有货无单的情况。请兴隆公司人员签字，并在货贴上注明提货日期	开单人员贴上相关货贴。 电话、地址、收货人填写完整	运单
调度派车 ↓	调度	根据“提货运行卡”及货量，安排两辆箱车提货	暂时不能提货的，一定与公司取得联系，取得谅解	

续 表

流程图	岗位	主要操作内容	注意事项	涉及单据
卸货，入库	搬运工/仓管	将“内部中转交接单”第二联交仓管卸货，按装车、码放作业指导操作。采用重叠式堆码方式	入库完毕后，仓管员在运单上签字确认并注明库区库位	运单
录单	财务人员/电脑技术人员	业务员将拿有仓管员签字的运单交与财务处，盖章后并录入电脑系统	及时交与运单，核对后录入电脑，并填写完整	运单
立卡	仓管	仓管将货物的规格、级别、储备定额和实存数量记录并挂于货位上	仓管清晰记录资料	
建档	仓管	对五种货物的相关出入库资料（入库单等）进行存档，以便查阅，并进行统一编号，方便找	核实存档	
兴隆公司提货、已付月结	主管、仓管	出库时必须有一定的凭证手续，严禁无单或白条发料。保管员接到发料通知单，必须仔细核对，无误后才能备料	核对提货单	提货单
备料	仓管	按出库凭证进行备料。同时变动料卡的余存数量，填写实发数量和日期	确定调拨单	调拨单
复核	仓管	复核货物的品牌，规格，数量是否相符		
发货	搬运工、仓管	复核无误后即可发货		
财务交账、录单	财务人员/电脑技术人员	业务员将拿有仓管员签字的运单交与财务处，当日登、销料账	核实运单	运单
清理	仓管	发料完毕清理单据、证件，并清理现场		
结束				

任务七 库存管理

一、实训目的及内容

（一）实训目的

掌握库存管理中的ABC分类管理法。

（二）实训学时

2学时。

（三）实训内容

依据库存管理中的ABC分类管理法，将企业的存货分为A、B、C三类。

（四）实训地点

经贸管理实训中心。

（五）实训原理介绍

ABC库存分类管理法又称为重点管理法，其基本点是：将企业的全部存货分为A、B、C三类。属于A类的是少数价值高的、最重要的项目，这些存货品种少，而单位价值却较大，实务中，这类存货的品种数只占全部存货总品种数的10%左右，而从一定期间出库的金额看，这类存货出库的金额要占到全部存货出库总金额的70%左右。属于C类的是为数众多的低值项目，其特点是：从品种数量来看，这类存货的品种数要占到全部存货总品种数的70%左右；而从一定期间出库的金额看，这类存货出库的金额只占全部存货出库总金额的10%左右。B类存货则介于这两者之间，从品种数和出库金额看，只占全部存货总数的20%左右。管理时，对金额高的A类物资，作为重点加强管理与控制；B类物质按照通常的方法进行管理和控制；C类物资品种数量繁多，但价值不大，可以采用最简便的方法加以管理和控制。

二、实训组织

在指导教师的监督下，每一个人独立的完成作业任务。

1. 某企业库存 ABC 分类

××摩托车配件厂坐落在美丽的海滨城市××，公司成立于2010年，经过几年的经营在业界也小有名气，正逐步走上规模化生产。公司目前拥有22项库存品，各种库存品的年需求量、单价如表1-7-1所示。为了加强对库存品的管理，公司计划采用ABC库存管理法。经过商议，公司决定按年占用金额占总库存金额70%的A类物品、20%的B类物品、10%的C类物品来建立ABC库存分析系统。

表1-7-1　　××摩托车配件厂需求情况表

库存品名称	年需求量（个）	单价（元/个）	金额（元）
减振器	12000	150	1800000
车轮	25000	26	650000
车毂（gǔ）	15000	160	2400000
脚踏	10000	25	250000
仪表	10000	88	880000
油门线	15000	8	120000
轮胎	25000	130	3250000
轮轴	25000	68	1700000
液压刹车泵	7500	95	725000
保险杠	6000	95	570000
车锁	30000	38	1140000
后视镜	50000	25	1250000
后备箱	20000	144	2880000
排气门	30000	25	750000
停车架	30000	35	1050000
挡泥板	20000	56	1120000
闪光灯	10000	12	120000
喇叭	45000	33	1485000
氙气灯	70000	158	11060000
车架	30000	350	10500000
机油滤清器	30000	15	450000
离合器	25000	66	1650000
合计	—	—	45800000

表 1－7－2　　计算表

库存品名称	金额（元）	累计金额（元）	累计百分比（%）	类别
氙气灯	11060000	11060000	24.10	A
车架	10500000	21560000	47.10	A
轮胎	3250000	24810000	54.10	A
后备箱	2880000	27690000	60.50	A
车毂	2400000	30090000	65.70	A
减振器	1800000	31890000	69.70	A
轮轴	1700000	33590000	73.30	B
离合器	1650000	35240000	76.90	B
喇叭	1485000	36725000	80.20	B
后视镜	1250000	37975000	82.90	B
车锁	1140000	39115000	85.40	B
挡泥板	1120000	40235000	87.80	B
停车架	1050000	41285000	90.10	B
仪表	880000	42165000	92.10	C
排气门	750000	42915000	93.70	C
液压刹车泵	725000	43640000	95.30	C
车轮	650000	44290000	96.70	C
保险杠	570000	44860000	97.90	C
机油滤清器	450000	45310000	98.90	C
脚踏	250000	45560000	99.50	C
油门线	120000	45680000	99.70	C
闪光灯	120000	45800000	100	C

表 1－7－3　　ABC 分类表

类别	品种数	该类库存品占据全部库存品种的百分比（%）	每一类的金额（元）	该类库存品金额占据全部库存金额的百分比（%）
A	6	27.30	31890000	70
B	7	31.80	935000	20
C	9	40.90	451000	10
合计	22	100	4580000	100

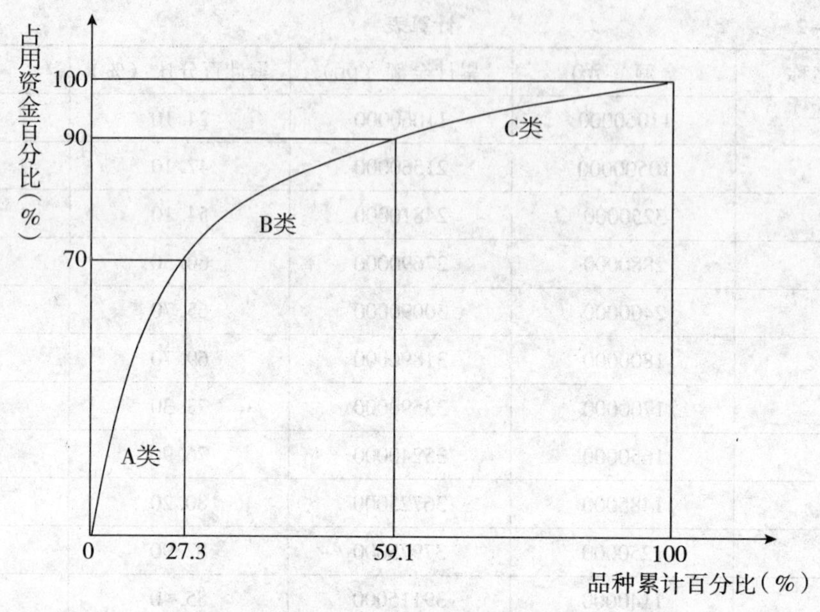

图 1-7-1　ABC 曲线

2. 库存管理方案

对库存进行 ABC 分类之后，要根据公司的经营策略对不同级别的库存进行不同的管理和控制。

A 类库存物资数量虽少但对企业最为重要，是需要严格管理和控制的库存。我们必须对这类物资定时进行盘点，详细记录及经常检查物资使用、存量增减、品质维持等信息，加强进货、发货、运送管理，在满足企业内部需要和顾客需要的前提下维持尽可能低的经常库存量和安全库存量，加强与供应链上下游企业的合作以降低库存水平，加快库存周转率。

B 类库存的状况处于 A 类库存和 C 类库存之间，因此对这类库存的管理强度介于 A 类库存和 C 类库存之间。对 B 类库存进行正常的例行管理和控制即可。

C 类库存物资数量最大但对企业的重要性最低，但不能被视为不重要的库存。对于这类物资一般进行简单的管理和控制。我们可以大量采购、大量库存，减少这类库存的人员和设施、库存检查时间间隔长等。

3. 应注意的问题

在使用 ABC 分类管理方法时，公司必须注意两个问题，即库存物资的单价和重要性问题。

前面用来对库存物资进行分类的标准——占用库存资金，由其计算公式可以看出，与物资的单价关系很大。单价高的物资，其数量的变动对占用库存资金的变化影响更大，在 A 类物资中更应引起关注，这类物资的管理应当尽可能地往零库存方向发展。

ABC 分类管理法另一个问题是，没有考虑物资对企业生产的重要性，有些甚至被划为 C 类的物资可能对企业的生产活动有着至关重要的影响。这种物资的重要性并不在资金占用上体现，而是体现在：如果缺货会造成企业停产或严重影响正常生产；缺货会危及企业生产安全；市场短缺的物资，缺货后不易补充。为了弥补这一不足，公司可以采用重要性分析方法（根据以往的销售记录），将物资按重要性进行分类。两者相结合可以更准确地对库存进行分类管理。

项目二　综合实训

任务一　储配方案设计

一、实训目的及内容

（一）实训目的

通过储配方案的设计，提高学生整体操作能力。通过组托入库、货位安排、订单处理、分拣出库实训，锻炼学生使用信息系统的能力。

（二）实训学时

20 学时。

（三）实训地点

经贸管理实训中心。

二、实训组织

（一）组织框架

每组 4 人，学生自由组队。

（二）实训要求

1. 叉车只做垂直运动，不做长距离水平运动。

2. 每托盘至少粘贴 2 个条码。条码在制订储配方案时只收工本费；在实施储配方案时，若所制作的条码不能满足需求则需购买。

3. 制订储配方案赛段打印顺序。在 6 月 24 日上午 8：00—12：00 按完成顺序打印；6 月 24 日上午 12：00 开始按参赛队 1 ~63 号顺序打印。

4. 存放货物顶距不得小于500mm。

5. 累计应收账款超过信用额度的15%，其订单为无效订单。

6. 选手修改方案时，只需在纸质方案上进行修改。

7. 托盘码放示意图要遵循如下规定并至少包含下列信息：

（1）用Word绘图功能绘制示意图，并标明参赛队的抽签号；

（2）画出托盘码放的奇数层俯视图和偶数层俯视图；

（3）在图上标出托盘的长、宽尺寸（以mm为单位）；

（4）用文字说明堆码后的层数；

（5）用文字说明此类商品所需托盘的个数；

（6）将托盘上的货物以浅灰色填涂；

（7）托盘码放时，货物包装物边缘不允许超出托盘边缘20mm。

（8）出库单信息录入必须在入库作业全部完成后进行。

（9）托盘有货不能采用人工搬运。

（10）物动量ABC分类计算过程保留4位小数，如12.3456%。

（三）实训提供资料

实训之前给学生提供包装箱资料、客户档案和物动量信息。初始资料主要有以下几项：

1. 搬运工具信息

（1）地牛信息

①品牌：欧力特；

②额定起重量：2500kg；

③每队可租赁2台；

④按时间计费，计费标准0.4元/（台·分钟）。

（2）叉车信息

①品牌：杭州叉车；

②规格型号：CPD30；

③整机编号：070720905；

④自重：5180kg；

⑤额定起重量：3000kg；

⑥标准载荷中心距：500mm；

⑦最大起升高度：4300mm；

⑧最大起升高度起重量：2600kg；

⑨每队只能租赁 1 台；

⑩按使用次数计费，5 元 /（台 · 次）。

2. 仓库信息

仓库长 60m，宽 24m，高 5. 6m（可见平面图和现场测量）。

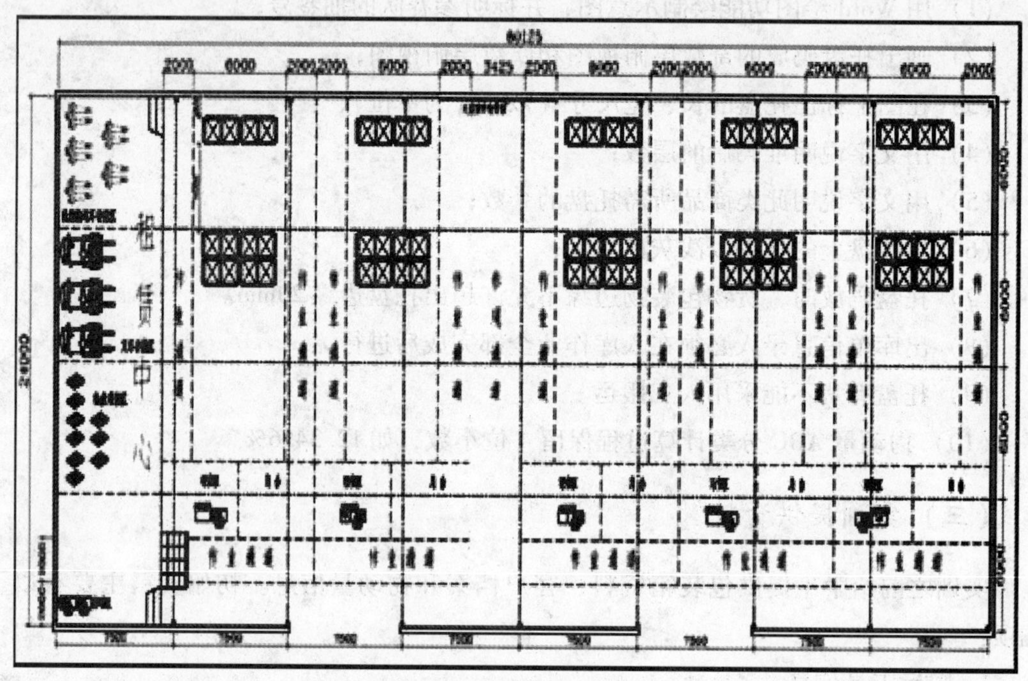

图 2－1－1　仓库平面图

3. 电子硬件信息

1）电脑信息

（1）设计赛场

①笔记本电脑

品牌：联想。

型号：昭阳 K43A。

输入电压/电流：19V/4. 74A。

生产日期：2009/12/16。

②台式电脑

品牌：联想。

型号：启天 M560E。

毛重：15kg。

CPU：AX2　B24。

内存：4G。

硬盘驱动器：320G。

显示卡（独立）：HD4650。

（2）执行赛场

①笔记本电脑

品牌：联想。

型号：昭阳 K43A。

输入电压/电流：19V/4.74A。

生产日期：2009/12/16。

②服务器

品牌：联想。

型号：启天 M560E。

毛重：15kg。

CPU：AX2　B24。

内存：4G。

硬盘驱动器：320G。

显示卡（独立）：HD4650。

2）打印机信息

（1）设计赛场

①A4 纸打印机

品牌：惠普。

型号：HP LaserJet P1007。

②条码打印机

品牌：瑞意博。

生产厂家：深圳市瑞博科技有限公司。

型号：DMX－M－4206。

CID：KD2－07－4Y00N007。

系列号：01166100。

（2）执行赛场

品牌：惠普。

型号：HP LaserJet 1020 plus；HP LaserJet 1018；HP LaserJet P1007；HP LaserJet 1022。

3）基站信息

（1）无线大功率 AP

品牌：锐捷。

型号：P720 +。

（2）UPS

品牌：山特。

型号：C1K/3H。

4）手持终端信息

品名：便携式数据处理器。

品牌：CHAINWAY。

产品型号：C5000。

外接电源：DC 5V。

生产商：深圳市成为信息技术有限公司。

4. 工时信息

（1）参赛选手：36 元 /（人 · 小时）。

（2）指导教师外包咨询费：每次 100 元，30 元 /（人 · 分钟）。

5. 货位信息

（1）货架规格。货架是 3 排 2 列 4 层。货位参考尺寸：L2300mm × W900mm × H1230mm，双货位（标准货位）。

（2）货位号说明。货位条码编制规则为库区、排、列、层 4 号定位法，如 01030101，代表的信息是 1 号库区第 3 排第 1 列第 1 层。各参赛队所在赛区均指定为 1 号库区。

（3）货位存储信息。货位 30 元/个，货位存储信息，如图 2 – 1 – 2 所示：

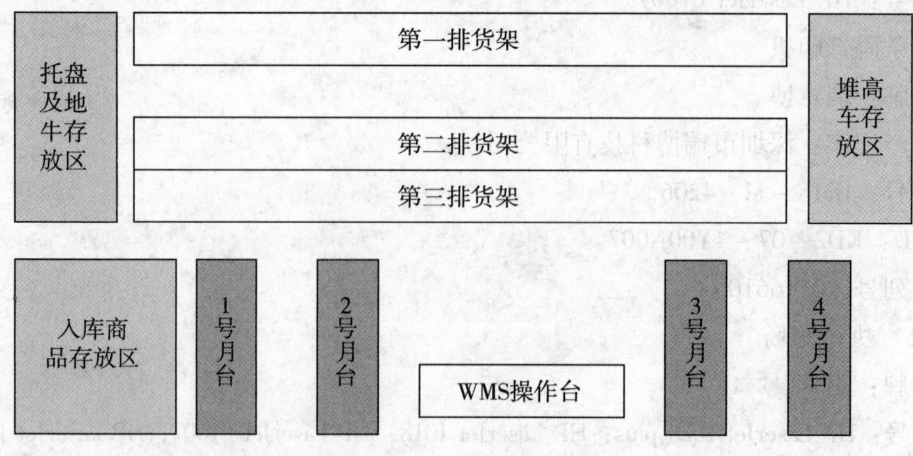

图 2 – 1 – 2　货位存储布局

6. 入库任务单信息

表 2－1－1　　入库任务单

入库任务单编号：R10062301　　计划入库时间：到货当日

序号	商品名称	包装规格（mm×mm×mm）（长×宽×高）	单价（元/箱）	重量（kg）	入库数量（箱）
1	休闲黑瓜子	595×395×375	110	21	10
2	小师傅方便面	595×325×330	160	3	18
3	大王牌大豆酶解蛋白粉	495×395×320	420	35	36
4	蜂圣牌蜂皇浆冻干粉片	395×295×275	260	16	30
5	诚诚油炸花生仁	395×245×265	180	30	24
6	利鑫达板栗	330×235×240	240	35	60
7	金多多婴儿营养米粉	295×245×240	400	18	32
8	吉欧蒂亚干红葡萄酒	460×260×230	300	16	18
9	好娃娃薯片	455×245×200	80	2	50

供应商：颐和工贸有限公司

7. 客户订单信息

表 2－1－2　　客户订单信息

万家乐超市采购订单

	商品名称	单位	单价（元）	订购数量	金额（元）	备注
1	利鑫达板栗	箱	240	7	1680	
2	蜂圣牌蜂皇浆冻干粉片	箱	260	11	2860	
3	休闲黑瓜子	箱	110	6	660	
4	金多多婴儿营养米粉	箱	400	8	3200	
5	大王牌大豆酶解蛋白粉	箱	420	8	3360	
	合计	—	—	40	11760	

三星超市采购订单

	商品名称	单位	单价（元）	订购数量	金额（元）	备注
1	大王牌大豆酶解蛋白粉	箱	420	12	5040	
2	小师傅方便面	箱	160	14	2240	
3	利鑫达板栗	箱	240	9	2160	
4	蜂圣牌蜂皇浆冻干粉片	箱	260	8	2080	
5						
	合计	—	—	43	11520	

续 表

红日超市采购订单

	商品名称	单位	单价（元）	订购数量	金额（元）	备注
1	蜂圣牌蜂皇浆冻干粉片	箱	260	20	5200	
2	大王牌大豆酶解蛋白粉	箱	420	50	21000	
3						
4						
5						
	合计	—	—	70	26200	

四季发商贸有限公司采购订单

	商品名称	单位	单价（元）	订购数量	金额（元）	备注
1	诚诚油炸花生仁	箱	180	24	4320	
2	利鑫达板栗	箱	240	10	2400	
3	大王牌大豆酶解蛋白粉	箱	420	8	3360	
4	吉欧蒂亚干红葡萄酒	箱	300	9	2700	
5	蜂圣牌蜂皇浆冻干粉片	箱	260	8	2080	
	合计	—	—	59	14860	

大华商贸有限公司采购订单

	商品名称	单位	单价（元）	订购数量	金额（元）	备注
1	好娃娃薯片	箱	80	20	1600	
2	蜂圣牌蜂皇浆冻干粉片	箱	260	6	1560	
3	大王牌大豆酶解蛋白粉	箱	420	9	3780	
4	利鑫达板栗	箱	240	4	960	
5						
	合计	—	—	39	7900	

8. 托盘条码信息及成本

（1） 条码信息

码制：CODE39，8 位，无校验位。

参考尺寸：100mm × 50mm。

（2） 条码成本

在实施储配方案时粘贴条码。购买条码 10 元/组（每组两个条码），自制条码工本费 2 元/个。

9. 月台及托盘信息

（1） 月台信息

参考尺寸：L2400mm × W1000mm。

（2）托盘信息

参考尺寸：L1200mm × W1000mm × H160mm。托盘 20 元/个，每队可租赁 16 个托盘。

10. 申请书

租赁申请书

为完成储配作业第______参赛队特此申请租赁地牛______（台），叉车______（台），托盘______（个）。

裁判意见：

申请人签字：　　　　　　　　　　　　裁判签字：

退　租

地牛租赁计时：　　　　　　　　　　申请人签字：

叉车使用次数：　　　　　　　　　　申请人签字：

托盘____（个）　　　　　　　　　　申请人签字：

裁判意见：

裁判签字：

11. 其他信息

（1）直尺信息

品牌：deli。

规格：20cm。

生产厂家：得力集团有限公司。

厂家地址：浙江宁海县黄坛镇车站西路 128 号。

（2）钢卷尺信息

品牌：deli。

规格：5m × 16mm。

生产厂家：得力集团有限公司。

厂家地址：浙江宁海县黄坛镇车站西路 128 号。

（3）计算器信息

品牌：CASIO。

规格：12 位数字。

生产厂家：卡西欧（上海）贸易有限公司。

厂家地址：上海市外高桥保税区富特北路386号第一层I部位。

（4）消防器材

①手提储压式干粉灭火器

品牌：淮海 MFZL4 Model。

形式认可证号：0402060018。

执行标准：GB 4351—1997。

②推车式干粉灭火器

品牌：淮海 MFTZ/ABC35 型。

形式认可证号：073074490457ROM。

执行标准：GB 8109—2005。

（四）实训任务

以小组为单位，进行储配方案的设计与实施。设计的方案可以参考下面的模板。

储配方案设计

1. 工作准备

（1）人员分工

主管：

仓管员1：

仓管员2：

（2）工作安排

储配作业方案岗位职责及工作内容，如下表所示：

岗位职责	工作内容
主管	1. ABC的分析
	2. 绘制货位优化示意图
	3. 制作拣选单及优化拣选路径
	4. 作业计划表
	5. 制作成本预算表
仓管员1	1. 绘制组托示意图
	2. 订单有效性分析
	3. 客户优先权分析
	4. 库存分配计划表

续　表

岗位职责	工作内容
仓管员 2	1. 方案模板制作
	2. 编写客户沟通记录
	3. 制作补货单
	4. 编写租赁申请表和外包委托书
	5. 编写应急预案
	6. 绘制月台码放示意图和月台点检单

2. 货位优化及货物入库方案

（1）物动量 ABC 的分析

根据 ABC 分类原则，现将 14 种货物按照周转量分类如下表所示：

序号	商品名称	月出货周转量（箱）	比重		累计比重		分类
			品目	周转量	品目	周转量	
1	可口可乐	6240					
2	蛋黄派	5180					
3	旺仔牛奶	4510					
4	大豆油	2500					
5	老山蜂蜜	1150					
6	巧克力	850					
7	泡面搭档	800					
8	旺仔小馒头	550					
9	康师傅每日 C	500					
10	双汇 Q 趣	382					
11	康师傅冰红茶（大）	330					
12	优乐美奶茶	215					
13	旺旺仙贝	180					
14	乐事薯片	150					
合计		23537					

建议使用 Excel 工具对数据进行分析，经过分析处理得到如下的结果。

序号	商品名称	月出货周转量（箱）	比重		累计比重		分类
			品目	周转量	品目	周转量	
1	可口可乐	6240	7.14%	26.51%	7.14%	26.51%	A
2	蛋黄派	5180	7.14%	22.01%	14.29%	48.52%	
3	旺仔牛奶	4510	7.14%	19.16%	21.43%	67.68%	
4	大豆油	2500	7.14%	10.62%	28.57%	78.30%	B
5	老山蜂蜜	1150	7.14%	4.89%	35.71%	83.19%	
6	巧克力	850	7.14%	3.61%	42.86%	86.80%	
7	泡面搭档	800	7.14%	3.40%	50.00%	90.20%	
8	旺仔小馒头	550	7.14%	2.34%	57.14%	92.54%	C
9	康师傅每日C	500	7.14%	2.12%	64.29%	94.66%	
10	双汇Q趣	382	7.14%	1.62%	71.43%	96.28%	
11	康师傅冰红茶（大）	330	7.14%	1.40%	78.57%	97.68%	
12	优乐美奶茶	215	7.14%	0.91%	85.71%	98.60%	
13	旺旺仙贝	180	7.14%	0.76%	92.86%	99.36%	
14	乐事薯片	150	7.14%	0.64%	100.00%	100.00%	
	合计	23537	100.00%	100.00%	—	—	—

（2）组托示意图

根据货物外包上的规格，托盘利用率最大，奇偶压缝的原则进行组盘，具体情况如下。

①可口可乐外包规格297mm×220mm×284mm，一层能码放17箱，最高码放2层，入库100箱，则需3个托盘：一托盘34箱，二托盘34箱，三托盘32箱。

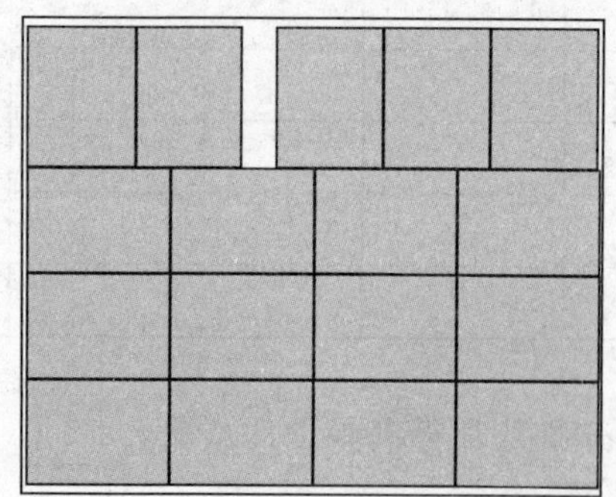

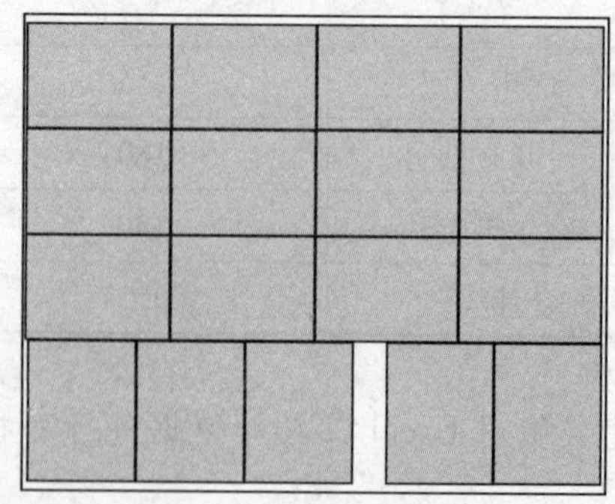

②巧克力外包规格 440mm × 217mm × 334mm，一层能码放 10 箱，最高码放 2 层，入库 32 箱，则需 2 个托盘：一托盘 20 箱，二托盘 12 箱。

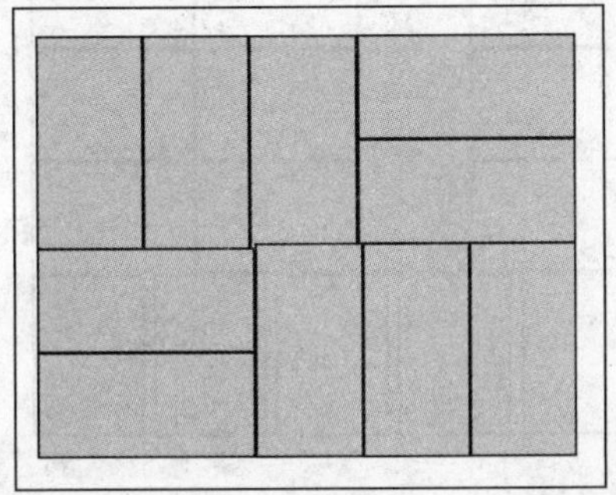

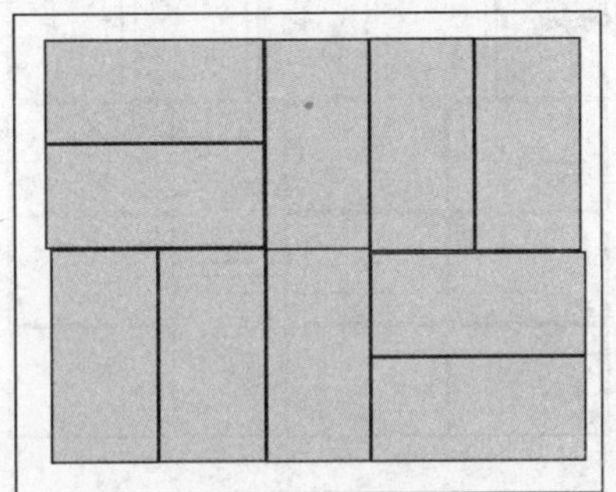

③蛋黄派外包规格 466mm × 266mm × 200mm，一层能码放 9 箱，最高码放 2 层，入库 91 箱，则需 3 个托盘：一托盘 27 箱，二托盘 27 箱，三托盘 27 箱。

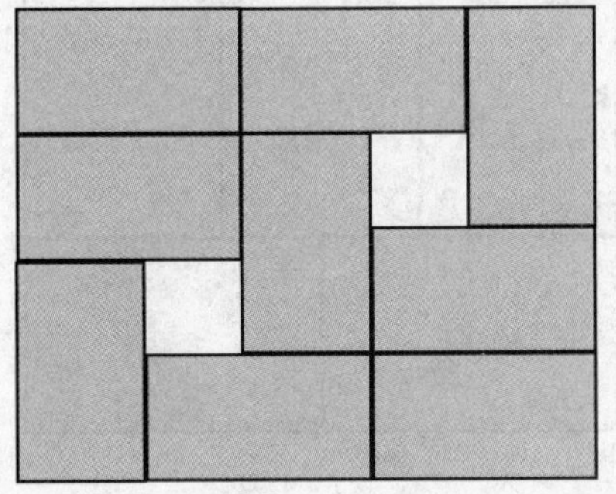

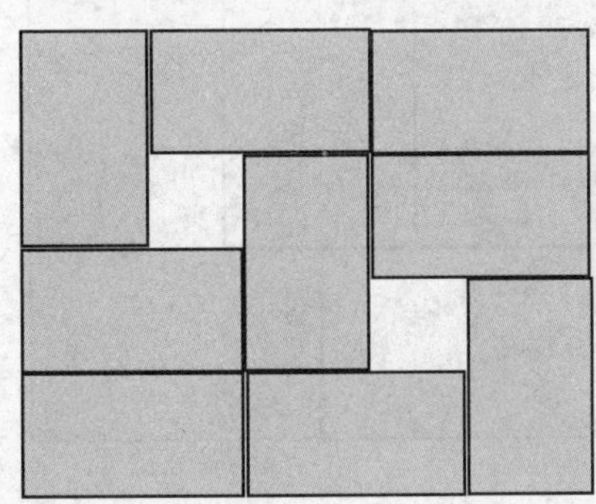

④老山蜂蜜外包规格 417mm × 240mm × 230mm，一层能码放 10 箱，最高码放 3 层，入库 35 箱，则需 2 个托盘：一托盘 30 箱，二托盘 5 箱。

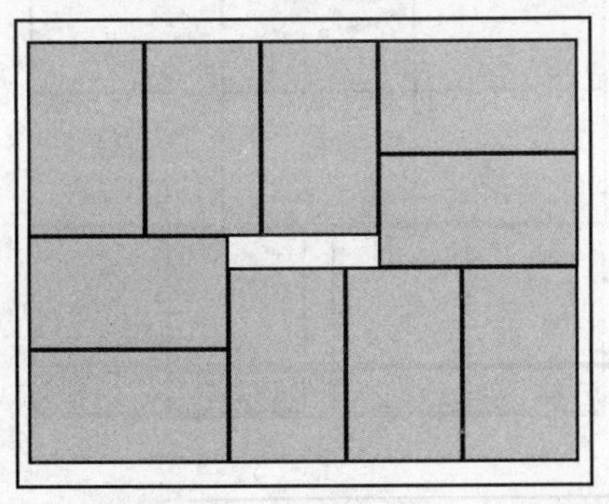

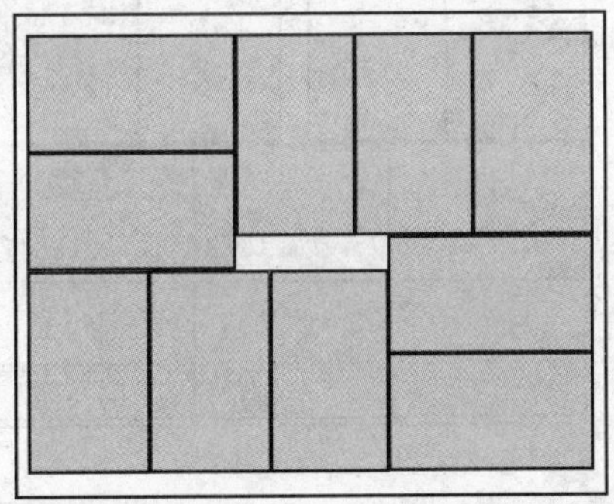

⑤旺仔小馒头外包规格 325mm × 223mm × 235mm，一层能码放 16 箱，最高码放 3

层，入库26箱，则需1个托盘：一托盘26箱。

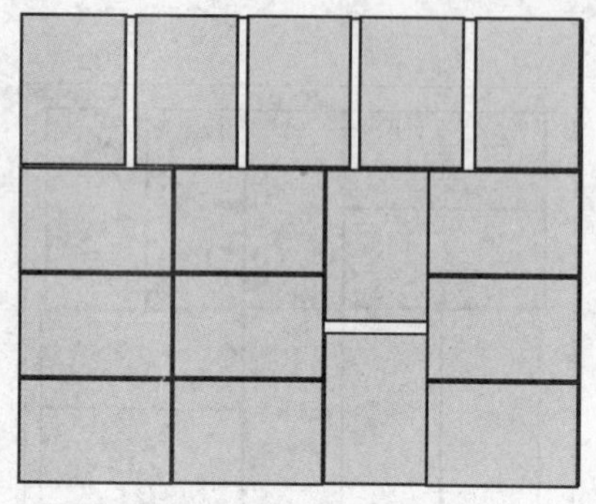
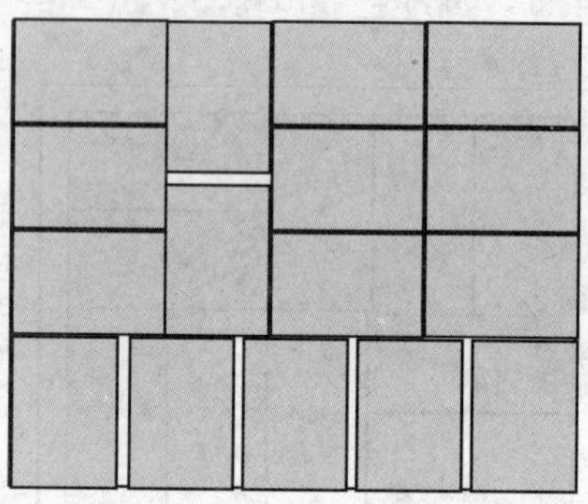

⑥优乐美奶茶外包规格600mm×400mm×220mm，一层能码放5箱，最高码放3层，入库12箱，则需1个托盘：一托盘12箱。

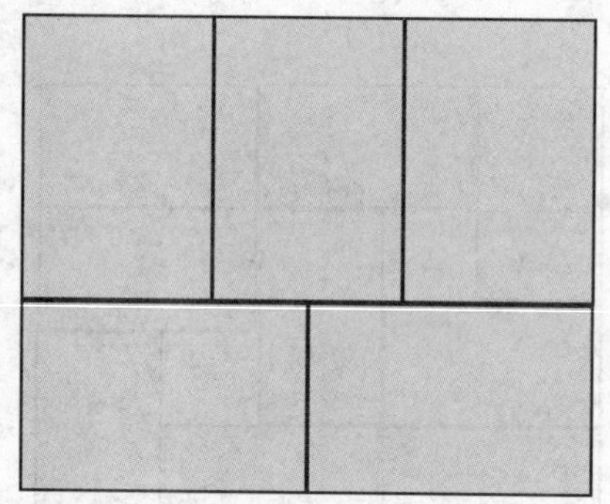
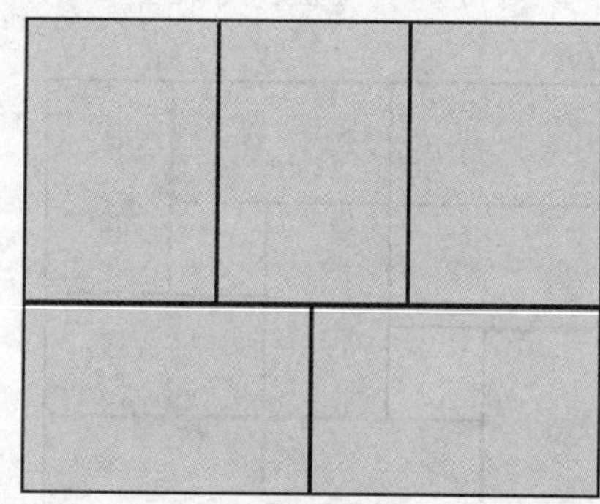

⑦旺仔牛奶外包规格400mm×285mm×285mm，一层能码放10箱，最高码放2层，入库59箱，则需3个托盘：一托盘20箱，二托盘20箱，三托盘19箱。

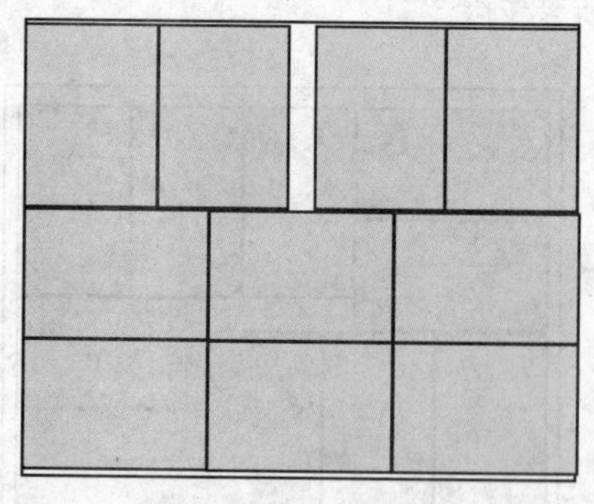
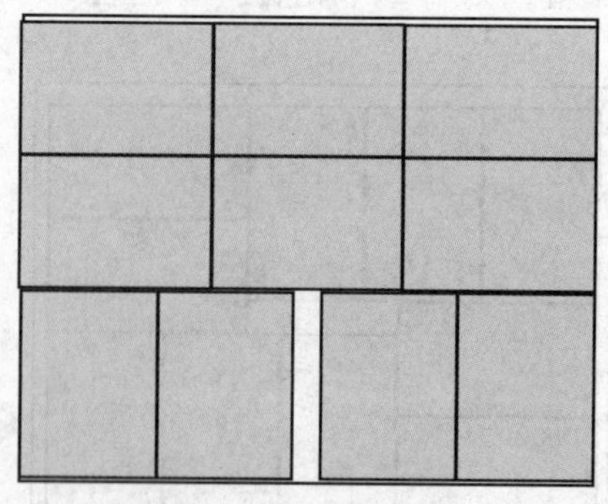

⑧大豆油外包规格330mm×320mm×365mm，一层能码放9箱，最高码放2层，入库36箱，则需2个托盘：一托盘18箱，二托盘18箱。

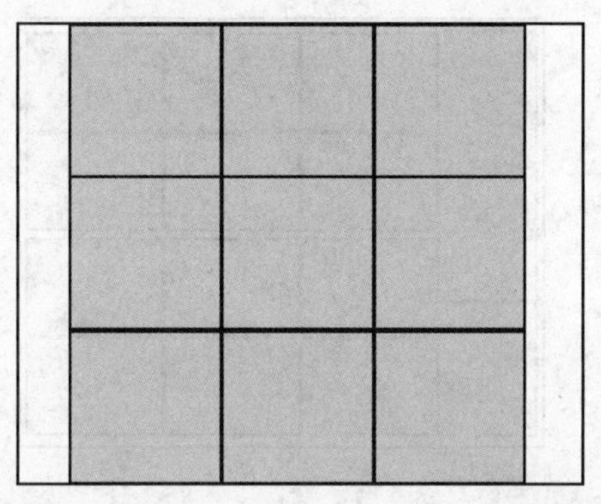

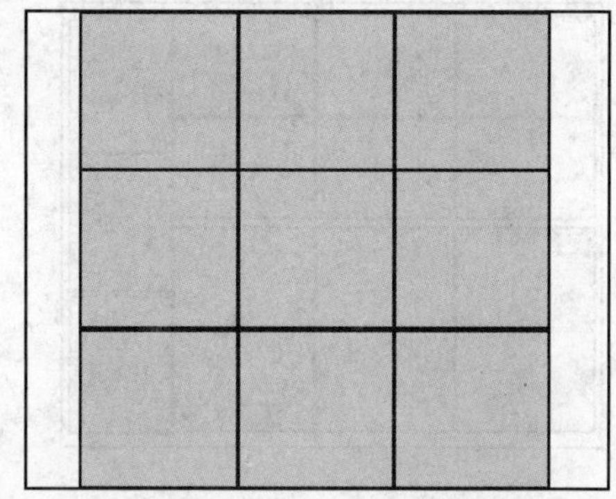

⑨乐事薯片外包规格545mm×295mm×325mm，一层能码放6箱，最高码放2层，入库10箱，则需1个托盘：一托盘10箱。

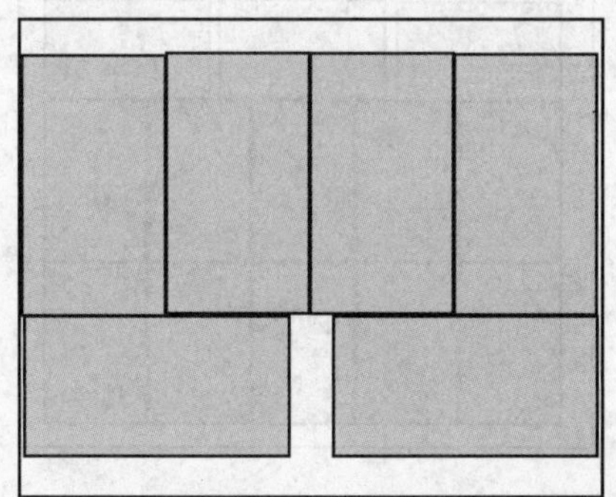

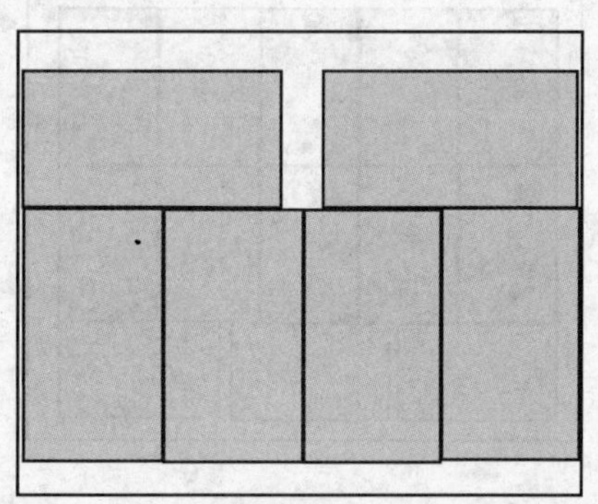

⑩旺旺仙贝外包规格355mm×265mm×340mm，一层能码放11箱，最高码放2层，入库11箱，则需1个托盘：一托盘11箱。

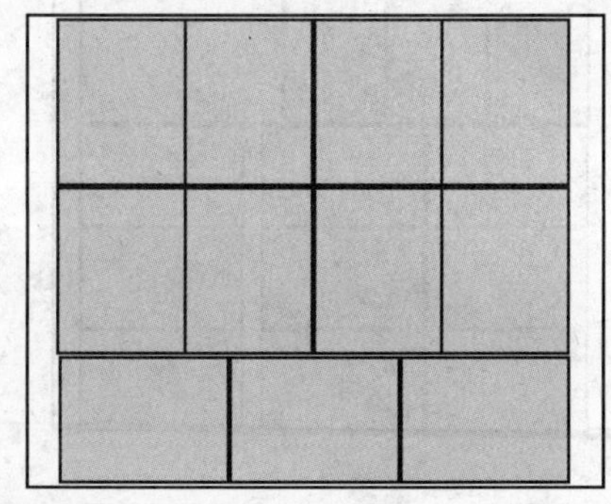

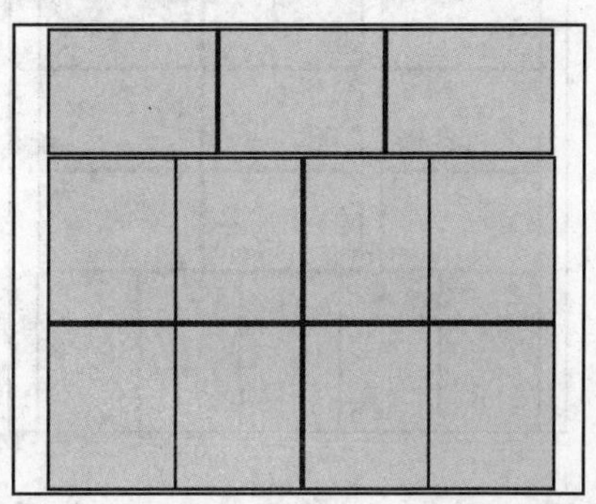

⑪双汇Q趣外包规格310mm×235mm×130mm，一层能码放15箱，最高码放5层，入库20箱，则需1个托盘：一托盘20箱。

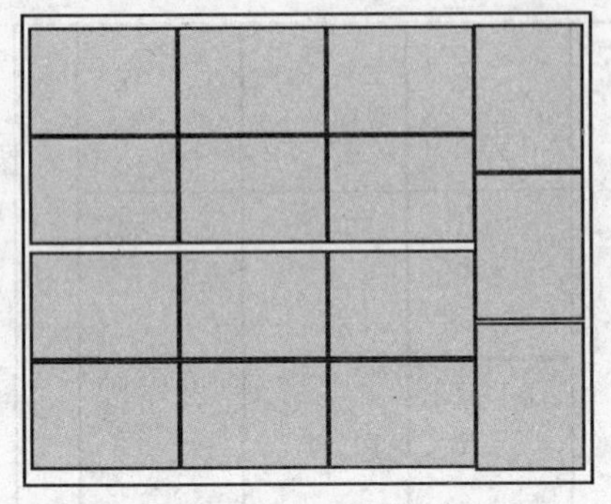
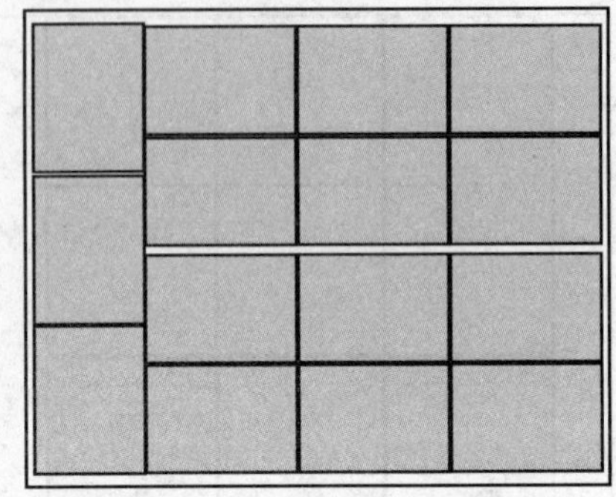

⑫康师傅每日 C 外包规格 345mm×215mm×215mm，一层能码放 13 箱，最高码放 3 层，入库 25 箱，则需 1 个托盘：一托盘 25 箱。

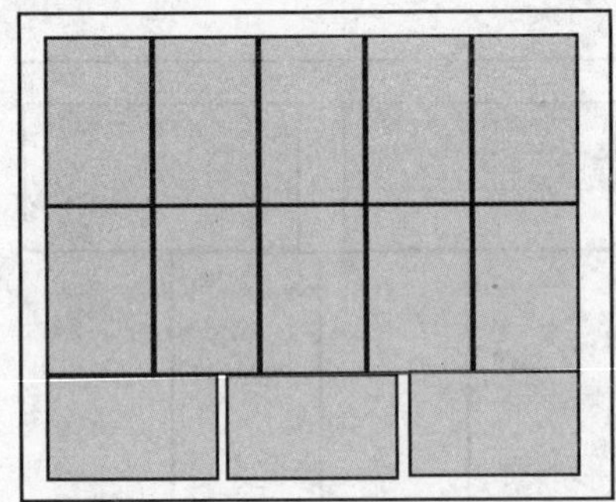
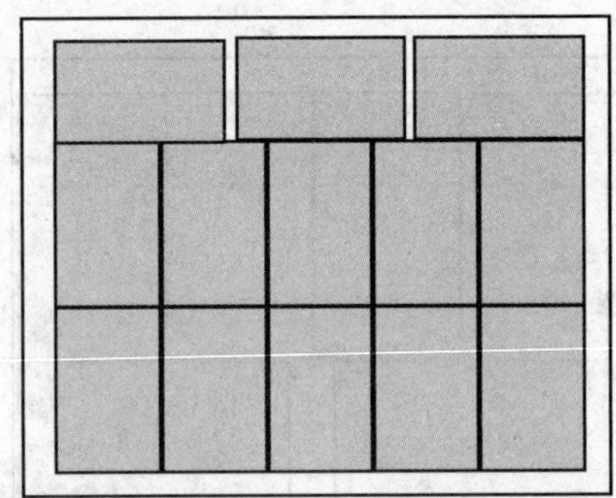

⑬泡面搭档外包规格 345mm×215mm×105mm，一层能码放 14 箱，最高码放 6 层，入库 30 箱，则需 1 个托盘：一托盘 30 箱。

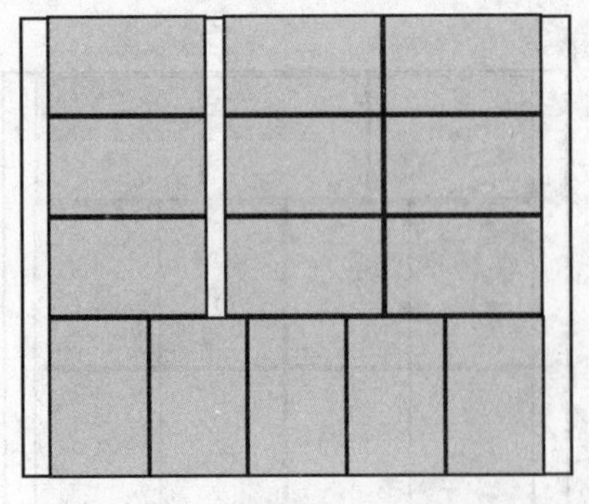
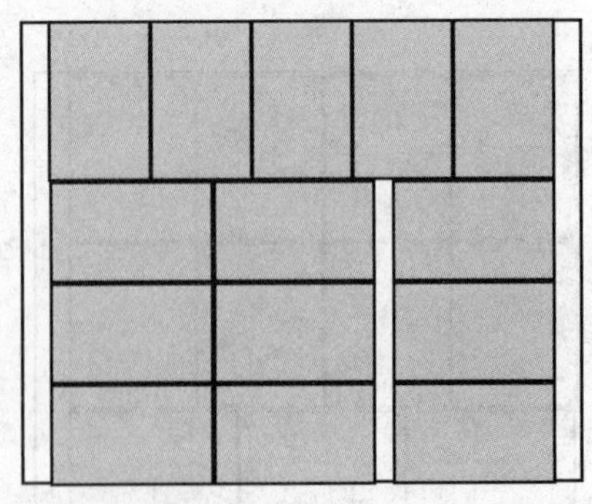

⑭康师傅冰红茶（大）外包规格 325mm×185mm×305mm，一层能码放 18 箱，最高码放 2 层，入库 20 箱，则需 1 个托盘：一托盘 20 箱。

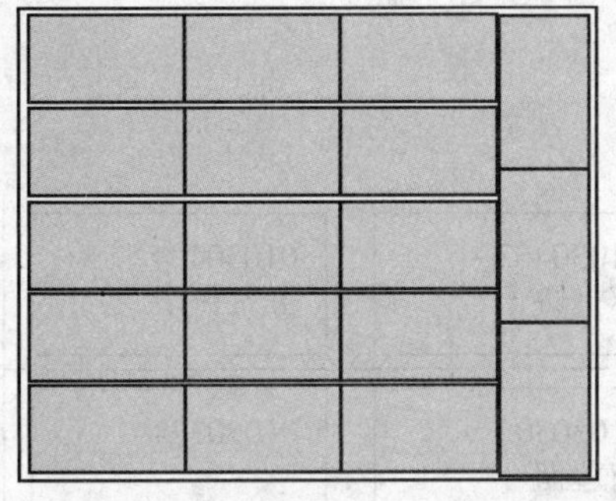

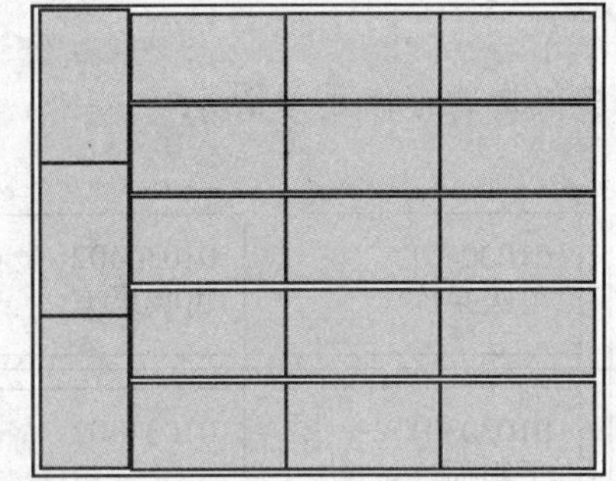

（3）货位存储图

以 ABC 物动量为基础，兼顾产品相关性、产品同一性及重量特性等原则，进行货位优化管理，使入库和出库作业的动径最短，提高作业效率。货位存储图如下图所示（黑色阴影标注为入库货物）：

①货架货物存储示意图 1：

01010401 华龙拉面	01010402 乐事薯片10	01010403 干果	01010404 旺旺仙贝11
01010301 泡面搭档30	01010302 肉脯	01010303 双汇Q趣40	01010304 洽洽瓜子
01010201 大豆油5	01010202 蛋黄派27	01010203 可口可乐34	01010204 娃哈哈纯净水16
01010101 蛋黄派27	01010102 蛋黄派27	01010103 可口可乐34	01010104 可口可乐32

②货架货物存储示意图 2：

01020401 小王子卖烧	01020402 小王子卖烧		01020404 太太乐鸡精
01020301 旺仔小馒头26	01020302 旺仔小馒头4	01020303 碎果冰19	01020304 康师傅每日C 25
01020201 营养快线	01020202 大豆油18	01020203 麻油	01020204 旺仔牛奶20
01020101 大豆油18	01020102 色拉油	01020103 旺仔牛奶19	01020104 旺仔牛奶20

③货架货物存储示意图3：

01030401 可吸果冻	01030402 可吸果冻	01030403 苏打饼干	01030404 苏打饼干
01030301 干脆面	01030302	01030303 榴莲糖	01030304
01030201 农夫果园	01030202康师傅 冰红茶（大）20	01030203优乐美 奶茶12	01030204 巧克力20
01030101 老山蜂蜜35	01030102 米酒	01030103 红牛	01030104 巧克力12

3. 订单处理以及拣选单的设计

（1）订单有效性分析

订单有效性分析如下表所示：

客户名称	连锁超市 A 区店	连锁超市 B 区店	连锁超市 C 区店	连锁超市 D 区店	连锁超市 E 区店	连锁超市 F 区店
订单日期	6. 1	6. 1	6. 2	6. 1	6. 1	6. 1
订单日期是否错误	否	否	是	否	否	否
应收账款	3 万元	2 万元	2. 5 万元	1. 5 万元	3 万元	2 万元
授信额度	4. 5 万元	3 万元	3. 5 万元	4 万元	3. 2 万元	5 万元
允许超出金额	1. 5 万元	1 万元	1 万元	3. 5 万元	0. 2 万元	3 万元
订单金额	0. 527 万元	0. 4837 万元	0. 2476 万元	0. 4712 万元	0. 4396 万元	0. 5279 万元
是否超出授信额度	未超	未超	未超	未超	超出	未超
订单有效性分析	有效订单	有效订单	无效订单	有效订单	无效订单	有效订单

问题订单处理如下表所示：

订单客户	无效原因	处理意见	日期	主管签字
连锁超市 C 区店	出库日期不否	视为无效订单，不执行		
连锁超市 D 区店	超出授信额度	视为无效订单，不执行		

(2) 客户优先权的分析

客户优先权的分析如下表所示：

客户衡量指标	A 区店	B 区店	D 区店	F 区店	评价指标
单品利润	7.2	8.3	7.6	7.3	0.2
货款到位时间	19	21	16	18	0.1
订单响应时间	10	11	8	9	0.3
去年需求量占总需求量比重	22%	16%	18%	20%	0.1
合作年限	3	1	1	2	0.15
信誉度	优	良	优	优	0.15
客户优先权	2	1	4	3	

依据上表，客户优先权顺序依次为：B 区店、A 区店、F 区店、D 区店。

(3) 库存分配计划表

库存分配计划如下表所示：

库存分配计划表 单位：箱

序号	商品名称	原有库存	配货方向				合计出库量	库存结余	缺货
			A 区超市	B 区超市	D 区超市	F 区超市			
1	可口可乐	100	20	12	18	22	72	28	
2	巧克力	32	15	9		8	32	0	5
3	蛋黄派	81	16	15	20	16	67	14	
4	老山蜂蜜	35	9	10	6		25	10	
5	旺仔小馒头	30	6				6	24	
6	优乐美奶茶	12	3				3	9	
7	旺仔牛奶	59	8	13	12	12	45	14	
8	大豆油	41		7	8	6	21	20	

续 表

序号	商品名称	原有库存	配货方向				合计出库量	库存结余	缺货
			A区超市	B区超市	D区超市	F区超市			
9	乐事薯片	10				3	3	7	
10	双汇Q趣	20				4	4	16	
11	康师傅每日C	25		5			5	20	
12	泡面搭档	30	6			5	11	19	
13	康师傅冰红茶（大）	20			4		4	16	
14	碎果冰	19			8		8	11	
15	娃哈哈纯净水	16				6	6	10	
合计	金额		0.527万元	0.4837万元	0.4712万元	0.5279万元			
	数量	526	83	71	76	87	317	214	5

根据客户优先权分析，在库存不足的情况下，先满足B区超市，其次是A区超市、F区超市，最后满足D区超市。因此，在巧克力库存不足的情况下，需要和F超市进行客户沟通。

（4）客户沟通记录

沟通记录登记表

时间：2010－06－01	客户连锁超市D区店
情况说明：2010－06－01日的订单，巧克力库存不足，现于F店进行沟通，决定订单的执行结果	
沟通结果如下：将现有库存准时发货，决定对巧克力进行补货，在6月3日送达该店	

（5）补货单

客户：连锁超市D区店		补货日期：2010－06－01		最迟送货日期：2010.06.03		
序号	补货品类	商品名称	包装单位	包装率	数量	上报部门
1	食品	巧克力	箱		5	采购部
仓管员核对签字：			主管签字确认：			

（6）拣选单

根据客户的订单，我们采取批量拣选，采用地牛和叉车相结合拣选方式，地牛拣选底层货物，叉车拣选二层及二层以上的货物，负责货物的上下架，我们采用S形和U形相结合的拣选路径，制作我们的拣选单。具体拣选单如下：

①拣选单1

<table>
<tr><td colspan="3">拣选单编号：001</td><td colspan="3">拣选日期：</td><td colspan="5">拣选人：</td></tr>
<tr><td rowspan="2">拣选储位</td><td rowspan="2">货品名称</td><td rowspan="2">货品规格
（mm³）</td><td rowspan="2">拣选数量
（箱）</td><td rowspan="2">体积
（m³）</td><td rowspan="2">拣选
工具</td><td colspan="4">月台配货</td><td rowspan="2">备注</td></tr>
<tr><td>A</td><td>B</td><td>D</td><td>F</td></tr>
<tr><td>010102</td><td>蛋黄派</td><td>466×266×200</td><td>27</td><td>0.67</td><td>地牛</td><td rowspan="2">16</td><td rowspan="2">15</td><td rowspan="2">9</td><td rowspan="2"></td><td></td></tr>
<tr><td>010101</td><td>蛋黄派</td><td>466×266×200</td><td>13</td><td>0.32</td><td>地牛</td><td></td></tr>
<tr><td colspan="3">合计</td><td>40</td><td>0.99</td><td></td><td>16</td><td>15</td><td>9</td><td></td><td></td></tr>
</table>

②拣选单2

<table>
<tr><td colspan="3">拣选单编号：002</td><td colspan="3">拣选日期：</td><td colspan="5">拣选人：</td></tr>
<tr><td rowspan="2">拣选储位</td><td rowspan="2">货品名称</td><td rowspan="2">货品规格
（mm³）</td><td rowspan="2">拣选数量
（箱）</td><td rowspan="2">体积
（m³）</td><td rowspan="2">拣选
工具</td><td colspan="4">月台配货</td><td rowspan="2">备注</td></tr>
<tr><td>A</td><td>B</td><td>D</td><td>F</td></tr>
<tr><td>010203</td><td>可口可乐</td><td>297×220×284</td><td>34</td><td>0.63</td><td>叉车</td><td rowspan="2">20</td><td rowspan="2">12</td><td rowspan="2">6</td><td rowspan="2"></td><td></td></tr>
<tr><td>010104</td><td>可口可乐</td><td>297×220×284</td><td>4</td><td>0.07</td><td>地牛</td><td></td></tr>
<tr><td colspan="3">合计</td><td>38</td><td>0.7</td><td></td><td>20</td><td>12</td><td>6</td><td></td><td></td></tr>
</table>

③拣选单3

<table>
<tr><td colspan="3">拣选单编号：003</td><td colspan="3">拣选日期：</td><td colspan="5">拣选人：</td></tr>
<tr><td rowspan="2">拣选储位</td><td rowspan="2">货品名称</td><td rowspan="2">货品规格
（mm³）</td><td rowspan="2">拣选数量
（箱）</td><td rowspan="2">体积
（m³）</td><td rowspan="2">拣选
工具</td><td colspan="4">月台配货</td><td rowspan="2">备注</td></tr>
<tr><td>A</td><td>B</td><td>D</td><td>F</td></tr>
<tr><td>010204</td><td>娃哈哈
纯净水</td><td>380×255×234</td><td>6</td><td>0.14</td><td>叉车</td><td></td><td></td><td></td><td>6</td><td></td></tr>
<tr><td>010103</td><td>可口可乐</td><td>297×220×284</td><td>34</td><td>0.63</td><td>地牛</td><td></td><td></td><td>12</td><td>22</td><td></td></tr>
<tr><td>010303</td><td>双汇Q趣</td><td>310×235×130</td><td>4</td><td>0.04</td><td>叉车</td><td></td><td></td><td></td><td>4</td><td></td></tr>
<tr><td colspan="3">合计</td><td>44</td><td>0.81</td><td></td><td></td><td></td><td>12</td><td>32</td><td></td></tr>
</table>

④拣选单 4

<table>
<tr><td colspan="3">拣选单编号：004</td><td colspan="3">拣选日期：</td><td colspan="5">拣选人：</td></tr>
<tr><td rowspan="2">拣选储位</td><td rowspan="2">货品名称</td><td rowspan="2">货品规格（mm^3）</td><td rowspan="2">拣选数量（箱）</td><td rowspan="2">体积（m^3）</td><td rowspan="2">拣选工具</td><td colspan="4">月台配货</td><td rowspan="2">备注</td></tr>
<tr><td>A</td><td>B</td><td>D</td><td>F</td></tr>
<tr><td>010202</td><td>蛋黄派</td><td></td><td>27</td><td></td><td>叉车</td><td></td><td></td><td>11</td><td>16</td><td></td></tr>
<tr><td>010301</td><td>泡面拍档</td><td></td><td>11</td><td></td><td>叉车</td><td>6</td><td></td><td></td><td>5</td><td></td></tr>
<tr><td>010402</td><td>乐事薯片</td><td></td><td>3</td><td></td><td>叉车</td><td></td><td></td><td></td><td>3</td><td></td></tr>
<tr><td colspan="3">合计</td><td>41</td><td></td><td></td><td>6</td><td></td><td>11</td><td>24</td><td></td></tr>
</table>

⑤拣选单 5

<table>
<tr><td colspan="3">拣选单编号：005</td><td colspan="3">拣选日期：</td><td colspan="5">拣选人：</td></tr>
<tr><td rowspan="2">拣选储位</td><td rowspan="2">货品名称</td><td rowspan="2">货品规格（mm^3）</td><td rowspan="2">拣选数量（箱）</td><td rowspan="2">体积（m^3）</td><td rowspan="2">拣选工具</td><td colspan="4">月台配货</td><td rowspan="2">备注</td></tr>
<tr><td>A</td><td>B</td><td>D</td><td>F</td></tr>
<tr><td>010201</td><td>大豆油</td><td></td><td>5</td><td></td><td>叉车</td><td rowspan="2"></td><td rowspan="2">7</td><td rowspan="2">8</td><td rowspan="2">6</td><td></td></tr>
<tr><td>020101</td><td>大豆油</td><td></td><td>16</td><td></td><td>地牛</td><td></td></tr>
<tr><td>020203</td><td>碎果冰</td><td></td><td>8</td><td></td><td>叉车</td><td></td><td></td><td>8</td><td></td><td></td></tr>
<tr><td colspan="3">合计</td><td>29</td><td></td><td></td><td></td><td>7</td><td>16</td><td>6</td><td></td></tr>
</table>

⑥拣选单 6

<table>
<tr><td colspan="3">拣选单编号：006</td><td colspan="3">拣选日期：</td><td colspan="5">拣选人：</td></tr>
<tr><td rowspan="2">拣选储位</td><td rowspan="2">货品名称</td><td rowspan="2">货品规格（mm^3）</td><td rowspan="2">拣选数量（箱）</td><td rowspan="2">体积（m^3）</td><td rowspan="2">拣选工具</td><td colspan="4">月台配货</td><td rowspan="2">备注</td></tr>
<tr><td>A</td><td>B</td><td>D</td><td>F</td></tr>
<tr><td>020204</td><td>旺仔牛奶</td><td></td><td>20</td><td></td><td>叉车</td><td rowspan="2">8</td><td rowspan="2">13</td><td rowspan="2">4</td><td rowspan="2"></td><td></td></tr>
<tr><td>020103</td><td>旺仔牛奶</td><td></td><td>5</td><td></td><td>地牛</td><td></td></tr>
<tr><td>020304</td><td>康师傅每日 C</td><td></td><td>5</td><td></td><td>叉车</td><td></td><td>5</td><td></td><td></td><td></td></tr>
<tr><td colspan="3">合计</td><td>30</td><td></td><td></td><td>8</td><td>18</td><td>4</td><td></td><td></td></tr>
</table>

⑦拣选单 7

拣选单编号：007			拣选日期：				拣选人：			
拣选储位	货品名称	货品规格（mm³）	拣选数量（箱）	体积（m³）	拣选工具	月台配货				备注
						A	B	D	F	
020104	旺仔牛奶		20		地牛			8	12	
030202	康师傅冰红茶（大）		4		叉车			4		
合计			24					12	12	

⑧拣选单 8

拣选单编号：008			拣选日期：				拣选人：			
拣选储位	货品名称	货品规格（mm³）	拣选数量（箱）	体积（m³）	拣选工具	月台配货				备注
						A	B	D	F	
020302	旺仔小馒头		4		叉车	4				
030101	老山蜂蜜		25		地牛	9	10	6		
020301	旺仔小馒头		2		叉车	2				
030203	优乐美奶茶		3		叉车	3				
合计			34			18	10	6		

⑨拣选单 9

拣选单编号：009			拣选日期：				拣选人：			
拣选储位	货品名称	货品规格（mm³）	拣选数量（箱）	体积（m³）	拣选工具	月台配货				备注
						A	B	D	F	
030204	巧克力		20		叉车	15	5			
合计			20			15	5			

⑩拣选单 10

拣选单编号：010			拣选日期：				拣选人：			
拣选储位	货品名称	货品规格（mm³）	拣选数量（箱）	体积（m³）	拣选工具	月台配货				备注
						A	B	D	F	
030204	巧克力		12		地牛		4		8	
合计			12				4		8	

（7）月台码放示意图

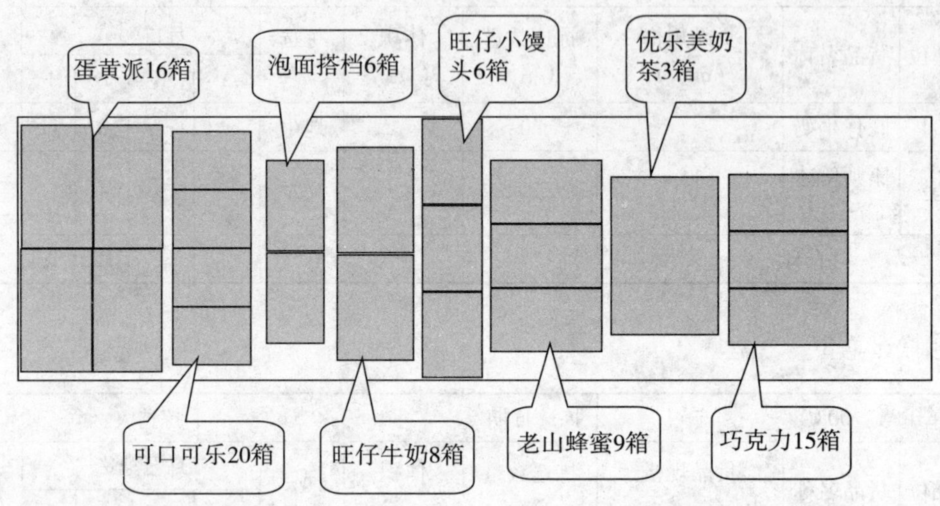

（8）月台配货数量点检单

①点检单1

订单号：01

客户：连锁超市A区店　　　　出库日期：2010.06.01

名称	单位	数量	备注
巧克力	箱	15	
旺仔小馒头	箱	6	
可口可乐	箱	20	
优乐美奶茶	箱	3	
老山蜂蜜	箱	9	
旺仔牛奶	箱	8	
泡面搭档	箱	6	
蛋黄派	箱	16	
合计	箱	83	

点检人：魏金凤

②点检单2

订单号：02

客户：连锁超市B区店　　出库日期：2010. 06. 01

序号	名称	单位	数量	备注
1	可口可乐	箱	12	
2	康师傅每日C	箱	5	
3	巧克力	箱	9	
4	蛋黄派	箱	15	
5	大豆油	箱	7	
6	旺仔牛奶	箱	13	
7	老山蜂蜜	箱	10	
合计		箱	71	

点检人：魏金凤

③点检单3

订单号：03

客户：连锁超市B区店　　出库日期：2010. 06. 01

序号	名称	单位	数量	备注
1	康师傅冰红茶（大）	箱	4	
2	大豆油	箱	8	
3	蛋黄派	箱	20	
4	泡面搭档	箱	7	
5	老山蜂蜜	箱	6	
6	旺仔牛奶	箱	12	
7	可口可乐	箱	18	
8	碎果冰	箱	8	
合计		箱	83	

点检人：魏金凤

④点检单4

订单号：04

客户：连锁超市F区店		出库日期：2010.06.01		
序号	名称	单位	数量	备注
1	双汇Q趣	箱	4	
2	大豆油	箱	6	
3	旺仔牛奶	箱	12	
4	巧克力	箱	13	
5	蛋黄派	箱	16	
6	可口可乐	箱	22	
7	娃哈哈纯净水	箱	6	
8	泡面搭档	箱	5	
9	乐事薯片	箱	3	
合计		箱	87	

点检人：魏金凤

4. 外包准备

外包委托书

____________________：

(1) 经决议，现委托贵公司代为实施储配方案的有关事宜，具体委托内容如下：

外包事项：____

(2) 委托期限和费用结算方式

委托期限自______年_____月_____日至______年_____月_____日。

费用结算方式：现金结算。

(3) 外包合同

本项服务一式两份，现双方签署，同意并确认签字。

委托人签字（盖章）　　　　　　　　受委托人签字（盖章）

时间__________　　　　　　　　　　时间________________

5. 编制作业计划

(1)作业计划

	时间（分钟）/操作	0~5	5~10	10~15	15~20	20~25	25~30	30~35	35~40	40~45	45~50	50~55	55~60
主管	接收入库信息，启动 WMS，录入信息												
	对货物进行组托，并指挥高层货物上架												
	操作 RF 进行上架确认												
	WMS 系统确认上架												
	接收出库信息，启动 WMS，录入信息												
	指挥叉车工将高层货物下架												
	操作 RF 进行拣选核对												
	对月台货物进行点检												
仓管1	去租赁公司租赁入库需设备，并贴条码												
	协助仓管 2 进行码盘												
	使用地牛将底层货物入库，将高层货物送至相应位置，并归还地牛												
	熟悉拣选货位												
	去租赁公司租赁出库需设备												
	进行出库货物拣选，并送至月台												
	协助仓管 2 进行月台分货												
	操作现场进行 5S												
仓管2	去租赁公司租赁入库需设备，并贴条码												
	对需入库货物进行码盘												
	协助主管录入出库信息												
	进行月台分货												
	操作现场进行 5S												

（2）租赁申请表

①入库作业设备租赁申请，如下表所示：

申请人及单位名称：淮安信息这业技术学院					
设备名称	数量/次数	单价	时间（s）	总金额	备注
地牛	1	0.03 元/个/秒	30×60	54	
叉车	13	5 元/叉		65	
托盘	22	1 元/个		22	
货架	22	2 元/个		44	
合计				185	
特殊情况说明					
租赁人签字			主管签字：		

②出库作业设备租凭申请，如下表所示：

申请人及单位名称：淮安信息这业技术学院					
设备名称	数量/次数	单价	时间（s）	总金额	备注
地牛	1	0.03 元/个/秒	20×60	36	
叉车	24	5 元/叉		120	
合计				156	
特殊情况说明					
租赁人签字			主管签字：		

（3）应急预案

序号	紧急情况	应急措施
1	货位爆仓	将货物放置在出库口最近的暂时存储区
2	WMS、RF 出现故障	手工录入，制作手工录入单，等电脑维修好，补录信息
3	系统信息录入错误	及时更改错误的信息，如果系统已经确认，无法更改，那对系统中的错误信息办理空进空出
4	搬运过程中货物倒塌、破损	及时将倒塌的货物搬到托盘上，如果货物破损，及时与该客户进行沟通，并对破损的货物进行赔偿
5	货物入错数量不对	与系统信息核对，将错误的信息进行更改和调整
5	货物入错货位	及时调整货位，并核对系统中的信息

续 表

序号	紧急情况	应急措施
6	拣选货物错误	及时将出错的货物入库，将正确的货物出库，进行调整
7	月台配货错误	及时将错误的货物放到原来的货位上，将正确的货物出库，如果串发，及时调整
8	遇到紧急出库订单	主管及时调整仓管员，采取摘果式拣选

6. 成本预算表

结合实际操作，具体报表如下：

人工成本＝工人数×单位时间单人工资×作业时间

＝3×60×60×0.015

＝54（元）

设备使用成本＝地牛＋叉车＋托盘＋货架

＝地牛租用费用×租用时间×地牛数＋一次叉取费用×叉取次数＋托盘租用费用×租用时间×托盘数＋单货位使用费用×使用时间×货位数

＝60×50×0.03＋5×37＋22＋22×2

＝90＋185＋22＋44

＝341（元）

其他成本＝每次委托费用×委托次数＋操作失误额外增加费用

＝100＋37.3

＝137.3（元）

总成本＝人工成本＋设备成本＋其他成本

＝54＋341＋137.3

＝532.3（元）

任务二 仓储管理系统操作

仓储管理是一门经济管理科学，同时也涉及应用技术科学，故属于边缘性学科。仓储管理的内涵是随着其在社会经济领域中的作用不断扩大而变化。仓储管理，即库管，是指对仓库及其库存物品的管理，仓储系统是企业物流系统中不可缺少的子系统。物流系统的整体目标是以最低成本提供令客户满意的服务，而仓储系统在其中发挥着重要作用。仓储活动能够促进企业提高客户服务水平，增强企业的竞争能力。现代仓储管理已从静态管理向动态管理发生了根本性的变化，对仓储管理的基础工作也提出了更高的要求。

通过“仓储管理软件”模拟现代物流企业在仓储业务中的入库、出库及库存盘点等操作，最终使仓储环节的成本最小化、利益最大化、响应时间最短化、资金周转快速化。通过实训，可以使学生熟悉仓储的具体操作流程，增强感性认识，并可从中进一步了解、巩固与深化所学的仓储管理理论知识，提高发现问题、分析问题和解决问题的能力。

软件登录界面及功能如图2－2－1、图2－2－2所示：

图2－2－1　仓储管理软件登录界面

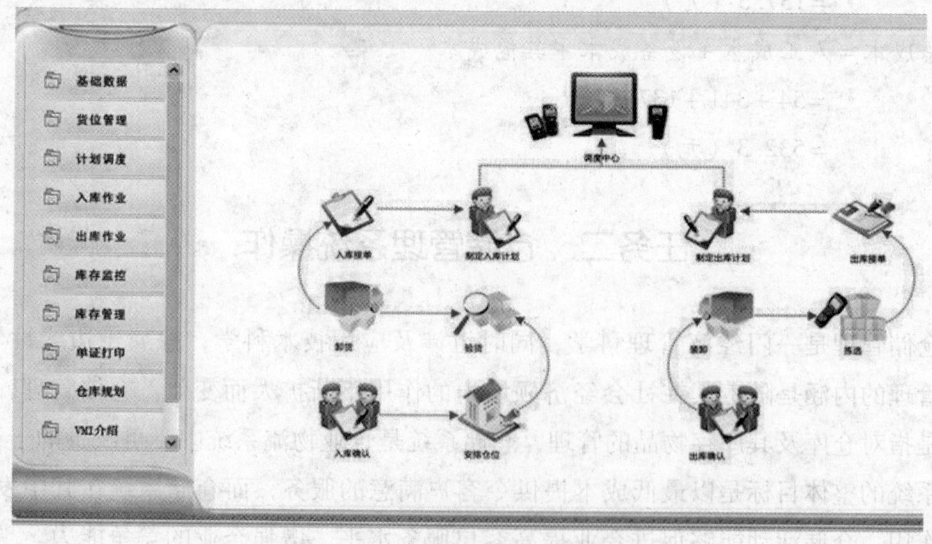

图2－2－2　仓储管理软件功能界面

本任务实训操作配套软件为“仓储管理软件”。“仓储管理软件”在很大程度上解决了学生实训难的问题。学生可以通过各个单元实训和系统综合实训掌握仓储管理的具体流程；迅速掌握仓储管理的流程和细节；熟悉仓储的运作模式；切身体会到仓储各个环节中不同当事人面临的具体工作以及他们之间的互动和制约关系；深刻体会仓储管理控制成本以达到利润最大化的思想。为学生参与未来仓储管理领域复杂、庞大、越发激烈的竞争打下扎实基础。

以下按照单元实训的模式介绍仓储各角色中各环节的具体操作，实训开设的前提是教师已经在教师平台开启实训实例。

本系统按照仓储系统模块间的关系，设计了两种单元实训：入库单元实训和出库单项奖元实训，学生可使用准备好的数据直接开始单元实训，同时，学生也可以根据自己的兴趣爱好自行设置实训数据，完成单元实训。

由于系统在教师平台的实例化特征，学生进入单元实训平台时，就能看到相应的单元实训，单元实训中的数据与其他实训无任何联系，因此在实训过程中，无须考虑当前实训对其他实训的影响。

模块一　入库单元实训

一、实训前提

老师在后台为当前登录用户初始化入库单元实训。

二、实训学时

2 学时。

三、实训类型

单元实训。

四、实训要求

必修。

五、实训内容

入库计划→入库接单→卸货→验货→安排仓位→入库确认。

六、实训目的

了解并掌握仓储入库实训业务操作，掌握仓储管理系统的基本操作，熟练仓库入库作业的流程。

入库操作界面如图 2－2－3 所示：

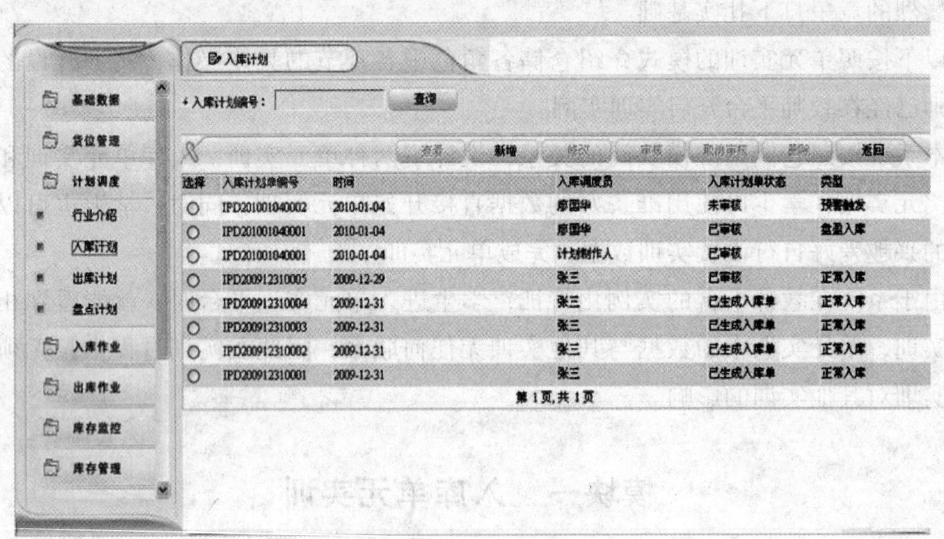

图 2－2－3　入库操作界面

七、实训系统初始数据

（1）物料信息，如表 2－2－1 所示：

表 2－2－1　　物料信息

物料名称	物料编号	物料规格
水果	PVC100010006	ISO9001
笔记本	PVC100010005	ISO9001
洗衣机	PVC100010004	ISO9001
电风扇	PVC100010003	ISO9001
光碟包	PVC100010002	ISO9001
螺丝钉	PVC100010001	ISO9001

（2）单位信息，如表 2－2－2 所示：

表 2－2－2　　单位信息

单位名称	单位编号
大袋	UID0067
大包	UID0066
大箱	UID0065
部	UID0063
盒	UID0059
小袋	UID0057
罐	UID0052
升	UID0049
吨	UID0043
千克	UID0037
立方米	UID0035
平方米	UID0034
米	UID0032
颗	UID0030
幅	UID0026
卷	UID0020
块	UID0019
包	UID008
台	UID005
辆	UID004
桶	UID003
小箱	UID002
个	UID001

（3）仓库信息，如表 2－2－3 所示：

表 2－2－3　　仓库信息

仓库名称	仓库编号	仓库类型
RFID 仓库	N85	RFID 仓
电子仓库	01	电子仓
滞料库	N83	平仓
成品仓库	N82	平仓
原材料仓库	N81	平仓

（4）区域信息，如表 2-2-4 所示：

表 2-2-4　　区域信息

仓库区域名称	仓库区域编号	所属仓库	所属仓库编号
RFID 仓库 A2 区	N85A2	RFID 仓库	N85
RFID 仓库 A1 区	N85A1	RFID 仓库	N85
电子仓库 A1 区	N84A1	电子仓库	01
滞料库 A2 区	N83A2	滞料库	N83
滞料库 A1 区	N83A1	滞料库	N83
成品 A1 区	N82A1	成品仓库	N82
成品 A2 区	N82A2	成品仓库	N82
原材料 A2 区	N81A2	原材料仓库	N81
原材料 A1 区	N81A1	原材料仓库	N81

（5）仓位信息（部分），如表 2-2-5 所示：

表 2-2-5　　仓位信息

仓位编号	区域名称	区域编号	所属仓库	仓库编号
N85A2L08	RFID 仓库 A2 区	N85A2	RFID 仓库	N85
N85A2L07	RFID 仓库 A2 区	N85A2	RFID 仓库	N85
N85A2L06	RFID 仓库 A2 区	N85A2	RFID 仓库	N85
N85A2L05	RFID 仓库 A2 区	N85A2	RFID 仓库	N85
N84A1L12	电子仓库 A1 区	N84A1	电子仓库	01
N84A1L11	电子仓库 A1 区	N84A1	电子仓库	01
N84A1L10	电子仓库 A1 区	N84A1	电子仓库	01
N82A1L08	成品 A1 区	N82A1	成品仓库	N82
N82A1L07	成品 A1 区	N82A1	成品仓库	N82
N82A1L06	成品 A1 区	N82A1	成品仓库	N82
N82A1L05	成品 A1 区	N82A1	成品仓库	N82
N83A1L04	滞料库 A1 区	N83A1	滞料库	N83
N83A1L03	滞料库 A1 区	N83A1	滞料库	N83
N83A1L02	滞料库 A1 区	N83A1	滞料库	N83
N83A1L01	滞料库 A1 区	N83A1	滞料库	N83
N81A1L03	原材料 A1 区	N81A1	原材料仓库	N81
N81A1L02	原材料 A1 区	N81A1	原材料仓库	N81
N81A1L01	原材料 A1 区	N81A1	原材料仓库	N81

八、实训题目

有一批物品，物货名称为翰皇精品办公杯；货号 HH－1052；共计 100 箱，总重量 300 千克，总体积 20m³。放入仓库：成品仓库 N82。仓库区域：成品 A1 区。仓位：N82A1L08　50 箱，N82A1L07　50 箱。同时规定，该物品安全库存为 10 箱，最高库存为 200 箱，最低库存为 10 箱。

九、实训准备

（1）准备物料信息，如表 2－2－6、表 2－2－7 所示：

表 2－2－6　　物料信息 1

物料编号	系统自动生成	物料名称	翰皇精品办公杯
物料类型	成品	物料规格	HH－1052
物料行业	制造行业		

表 2－2－7　　物料单位明细 1

选择	重量	重量单位	体积	体积单位	安全库存	最高库存	最低库存	系数	物料单价
回	3	大箱	0. 2	立方米	10	200	10	1	600

（2）查看题目中所提及的仓库、区域、仓位是否存在，若存在，可直接使用，不存在，则需进行新增仓库、区域、仓位等操作。

十、实训操作

（一）设置物料信息

第一步：点击【基础数据/物料信息】进入物料信息列表页面。

第二步：点击【新增】按钮进入新增页面。

第三步：根据实训题目提供的物料信息，录入物料。录入信息大体如表 2－2－6、表 2－2－7 所示。

第四步：保存录入的物料信息。保存后结果如表 2－2－8 所示：

表 2－2－8　　物料信息录入保存结果 1

选择	物料名称	物料编号	物料规格
回	翰皇精品办公杯	系统自动生成	HH－1052

（二）新增仓库及仓位信息

查看实训题目中提示的仓位是否存在，若无，根据下面新增进行增加；若有，可直接使用。

1. 新增仓库信息

第一步：点击【基础数据/仓库信息】进入仓库列表页面。

第二步：新增仓库信息。点击【新增】进入仓库新增信息完善页面。

第三步：填写新增仓库信息。仓库类型分为三种：平仓、电子仓虚拟仓、RFID 仓虚拟仓。系统在仓库类型中设置了八种仓库，除电子仓虚拟仓、RFID 仓虚拟仓新增保存后分别显示为电子仓和 RFID 仓，其余的都显示为平仓，用户需根据实际需求进行新增仓库。

第四步：保存新增信息。保存后，以平仓为例，结果大致如表 2－2－9 所示：

表 2－2－9　新增仓库信息 1

选择	仓库名称	仓库编号	仓库类型
回	成品仓库	N82	平仓

2. 新增仓库区域信息

第一步：点击【基础数据/区域信息】进入仓库列表页面。

第二步：新增区域信息。点击【新增】进入区域新增信息完善页面。

第三步：增写仓库区域信息。根据实训题目中仓位信息的提炼，可知仓库为 N82，区域为 A1，所以需在 N82 仓库中划分出一区域 A1。

第四步：保存新增的区域信息。保存后信息大致如表 2－2－10 所示：

表 2－2－10　新增仓库区域信息 1

仓库区域名称	仓库区域编号	所属仓库	所属仓库编号
成品 A1 区	N82A1	成品仓库	N82

3. 新增仓位信息

第一步：点击【基础数据/仓位信息】进入仓库列表页面。

第二步：新增仓位信息。点击【新增】进入仓位新增信息完善页面。

第三步：增写仓位信息。根据实训题目中存放物品的仓位可知，需要的仓位为 N82A1L08、N82A1L07，可根据需求增加如表 2－2－11 所示一系列仓位。

表 2－2－11　　　　增加仓位信息 1

仓位编号	区域名称	区域编号	所属仓库	仓库编号
N82A1L08	成品 A1 区	N82A1	成品仓库	N82
N82A1L07	成品 A1 区	N82A1	成品仓库	N82
N82A1L06	成品 A1 区	N82A1	成品仓库	N82
N82A1L05	成品 A1 区	N82A1	成品仓库	N82
N82A1L04	成品 A1 区	N82A1	成品仓库	N82
N82A1L03	成品 A1 区	N82A1	成品仓库	N82
N82A1L02	成品 A1 区	N82A1	成品仓库	N82
N82A1L01	成品 A1 区	N82A1	成品仓库	N82

第四步：保存仓位信息。

（三）入库计划

第一步：点击【计划调度/入库计划】进入到入库计划列表页面。

第二步：新增入库计划单。点击【新增】按钮，进入到新增页面。

第三步：完善入库计划单表头信息。如表 2－2－12 所示：

表 2－2－12　　　　入库计划单表头信息 1

入库计划编号	自动编号
入库计划时间	2009－10－15
计划制作人员	周海明

第四步：选择物料及单位后，点击【确定】按钮。

第五步：输入计划入库的数量。

第六步：点击【保存】按钮进行保存。物料明细如表 2－2－13 所示：

表 2－2－13　　　　物料明细 1

选择	物料编号	物料名称	物料规格	物料类型	物料单位	入库数量
回	PVC200910140001	翰皇精品办公杯	HH－1052	成品	大箱	100

第七步：选择新增入库计划单，点击【审核】按钮进行审核操作。

（四）入库接单

第一步：点击【入库作业/入库接单】，进入到入库接单列表页面。

第二步：新增入库作业单。点击【新增】按钮，进入到入库计划单选择页面，即选择要进行入库操作的计划单。

第三步：选择需入库的计划单，点击【下一步】，进入到入库安排。

第四步：制订入库计划，安排入库时间和入库调度员。入库单信息如表 2－2－14 所示，入库物料明细如表 2－2－15 所示：

表 2－2－14　　入库单信息 1

入库单编号	自动编号
入库计划编号	系统自动调用
入库时间	2009－10－15
入库调度员	李济宁
操作类型	⊡ RFID　⊡电子标签　⊡人工　⊡ IT600

表 2－2－15　　入库物料明细 1

物料编号	物料名称	物料规格	物料行业类型	物料单位	入库数量
PVC200910140001	翰皇精品办公杯	HH－1052	成品	大箱	100

第五步：【保存】入库安排，返回入库接单列表页面，此时入库作业单的状态为“未审核”。

第六步：【审核】入库单。审核后结果及状态如表 2－2－16 所示：

表 2－2－16　　入库单审核信息 1

选择	入库单号	入库时间	入库单状态	操作类型
⊡	系统自动调用	2009－10－15	已审核	手工

（五）卸货

第一步：点击【入库作业/卸货】进到卸货列表。

第二步：点击【新增】按钮，选择要卸货的入库单。

第三步：选择入库单，点击【下一步】，进行卸货安排。卸货单信息如表 2－2－17 所示，卸货物料明细如表 2－2－18 所示：

表 2-2-17　　卸货单信息 1

卸货单编号	（自动生成）
入库单编号	IDD200910130004
入库时间	2009-10-15
操作类型	手工
卸货人员数量	3

表 2-2-18　　卸货物料明细 1

物料编号	物料名称	物料规格	物料行业类型	物料单位	入库数量
PVC200910140001	翰皇精品办公杯	HH-1052	制造行业	大箱	100

第四步：【保存】卸货安排。

第五步：卸货完毕，点击【审核】确认卸货。卸货审核信息如表 2-2-19 所示：

表 2-2-19　　卸货审核信息 1

选择	卸货单编号	入库单编号	卸货状态	操作类型
◎	GUD200910130006	IDD200910130004	装卸确认	手工

（六）验货

第一步：点击【入库作业/验货】进入验货单列表页面。

第二步：点击【新增】按钮，进入到需验货的入库单列表。

第三步：选择入库单，点击下一步，进入验货单验货结果记录页面。验货单信息如表 2-2-20 所示，验货明细如表 2-2-21 所示：

表 2-2-20　　验货单信息 1

验货单编号	（自动生成）
入库单编号	IDD200910130004
验货人员	刘海青

表 2-2-21　　验货明细 1

物料名称	物料单位	抽检数量	入库数量	包装检查结果	数量检查结果	质量检查结果	检查合格数
翰皇精品办公杯	大箱	100	100	包装完好	100	合格	100

第四步：点击【审核】按钮，进行验货确认。验货审核信息如表 2－2－22 所示：

表 2－2－22　　验货审核信息 1

选择	验货单编号	入库单编号	验货状态	操作类型
⊡	系统自动生成	系统自动调用	验货确认	手工

（七）安排仓位

第一步：点击【入库作业/安排仓位】进入入库单列表页面。

第二步：选择入库单，点击【安排仓位】，进入到摆货策略选择页面，如表 2－2－23 所示。

表 2－2－23　　摆货策略选择 1

摆货策略：	⊡手动摆货	⊡现有货存	⊡固定仓位	⊡下一空仓位

第三步：选择物料后，再选择摆货策略，点击【安排仓位】，进入到仓位摆货，如表 2－2－24 所示。

表 2－2－24　　仓位摆货明细 1

选择	物料名称	物料规格	物料类型	入库数量
⊡	翰皇精品办公杯	HH－1052	成品	100 大箱

选择摆货策略，如表 2－2－25 所示：

表 2－2－25　　选择摆货策略 1

摆货策略：	⊡手动摆货	⊡现有货存	⊡固定仓位	⊡下一空仓位

第四步：选择仓位输入摆货数量，摆货详情如表 2－2－26 所示，仓位摆货数量如表 2－2－27 所示。

表 2－2－26　　摆货详情 1

货物信息	翰皇精品办公杯 100 大箱
已摆货数量	0 大箱
未摆货数量	100 大箱
仓库类型	平仓

表 2-2-27　　仓位摆货数量 1

仓位编号	货存量	摆货数量
N82A1L01	0	
N82A1L02	0	
N82A1L03	0	
N82A1L04	0	
N82A1L05	0	
N82A1L06	0	
N82A1L07	0	50
N82A1L08	0	50

第五步：摆货完毕，点击【摆货确认】，保存摆货信息。

（八）入库确认

第一步：点击【入库作业/入库确认】按钮，进入到入库单列表。

第二步：入库确认。点击【确认】按钮，完成入库确认，入库单状态由已上架更新为已入库，如表 2-2-28 所示：

表 2-2-28　　入库确认 1

选择	入库单号	入库时间	入库单状态	操作类型
回	IDD200910130004	2009-10-15	入库完成	手工

十一、实训结果

在【库存监控/入库历史查询】中，点击【确认】进入入库单信息页面，入库单信息如表 2-2-29 所示：

表 2-2-29　　入库单信息 1

入库单编号	IDD200910130004
入库计划编号	IPD200910130005
入库时间	2009-10-15
入库调度员	李济宁

物料明细如表 2－2－30 所示：

表 2－2－30　　入库物料明细 1

物料编号	物料名称	物料规格	物料类型	物料单位	入库数量
PVC200910140001	翰皇精品办公杯	HH－1052	成品	大箱	100

在【库存管理/库存查询】中，可查看到入库后库存详细信息，如表 2－2－31 所示。

表 2－2－31　　库存详细信息

仓位编号	区域编号	仓库编号	仓库类型	物料编号	物料名称	系数	库存数量
N82A1L08	N82A1	N82	平仓	PVC200910140001	翰皇精品办公杯	1	50 大箱
N82A1L07	N82A1	N82	平仓	PVC200910140001	翰皇精品办公杯	1	50 大箱

模块二　出库单元实训

一、实训前提

老师在后台为当前登录用户初始化了出库单元实训。

二、实训学时

2 学时。

三、实训类型

单元实训。

四、实训要求

必修。

五、实训内容

出库计划→出库接单→出库拣选→出库装卸→出库确认。

六、实训目的

了解并掌握仓储出库实训业务操作，出库操作界面如图 2－2－4 所示：

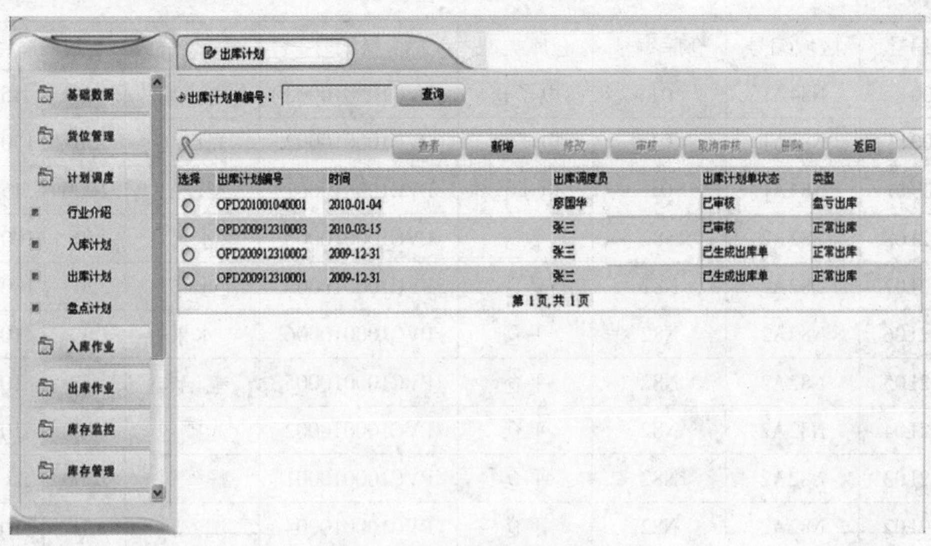

图 2－2－4　出库操作界面

七、系统初始数据

（1）物料信息，见表 2－2－1。

（2）单位信息，见表 2－2－2。

（3）仓库信息，见表 2－2－3。

（4）区域信息，见表 2－2－4。

（5）仓位信息（部分），见表 2－2－5。

（6）库存信息，如表 2－2－32 所示：

表 2－2－32　　库存信息

仓位编号	区域编号	仓库编号	仓库类型	物料编号	物料名称	系数	库存数量
N84A1L12	N84A1	01	电子仓	PVC100010006	水果	50	150 大箱
N84A1L11	N84A1	01	电子仓	PVC100010006	水果	20	150 小箱
N84A1L10	N84A1	01	电子仓	PVC100010006	水果	1	150 个
01010054	N84A1	01	电子仓	PVC100010005	笔记本	1	150 台
01010053	N84A1	01	电子仓	PVC100010002	光碟包	1	150 个
01010052	N84A1	01	电子仓	PVC100010001	螺丝钉	2000	50 大袋
01010051	N84A1	01	电子仓	PVC100010004	洗衣机	1	150 台
01010050	N84A1	01	电子仓	PVC100010002	光碟包	1	50 大袋
01010049	N84A1	01	电子仓	PVC100010001	螺丝钉	1	150 颗

续 表

仓位编号	区域编号	仓库编号	仓库类型	物料编号	物料名称	系数	库存数量
01010048	N84A1	01	电子仓	PVC100010003	电风扇	1	150 台
01010047	N84A1	01	电子仓	PVC100010002	光碟包	50	150 小箱
01010046	N84A1	01	电子仓	PVC100010001	螺丝钉	1000	150 包
N82A2L08	N82A2	N82	平仓	PVC100010006	水果	50	100 大箱
N82A2L07	N82A2	N82	平仓	PVC100010006	水果	20	100 小箱
N82A2L06	N82A2	N82	平仓	PVC100010006	水果	1	100 个
N82A2L05	N82A2	N82	平仓	PVC100010005	笔记本	1	100 台
N82A2L04	N82A2	N82	平仓	PVC100010002	光碟包	1	100 个
N82A2L03	N82A2	N82	平仓	PVC100010001	螺丝钉	2000	25 大袋
N82A2L02	N82A2	N82	平仓	PVC100010004	洗衣机	1	100 台
N82A2L01	N82A2	N82	平仓	PVC100010002	光碟包	1	25 大袋
N82A1L08	N82A1	N82	平仓	PVC100010001	螺丝钉	1	100 颗
N82A1L07	N82A1	N82	平仓	PVC100010003	电风扇	1	100 台
N82A1L06	N82A1	N82	平仓	PVC100010002	光碟包	50	100 小箱
N82A1L05	N82A1	N82	平仓	PVC100010001	螺丝钉	1000	100 包
N82A1L04	N82A1	N82	平仓	PVC100010005	笔记本	6	200 小箱
N82A1L03	N82A1	N82	平仓	PVC100010005	笔记本	10	200 大箱
N82A1L02	N82A1	N82	平仓	PVC100010001	螺丝钉	2000	50 大袋
N82A1L01	N82A1	N82	平仓	PVC100010004	洗衣机	1	200 台
N83A2L08	N83A2	N83	平仓	PVC100010002	光碟包	1	50 大袋
N83A2L07	N83A2	N83	平仓	PVC100010001	螺丝钉	1	200 颗
N83A2L06	N83A2	N83	平仓	PVC100010003	电风扇	1	200 台
N83A2L05	N83A2	N83	平仓	PVC100010002	光碟包	50	200 小箱
N83A2L04	N83A2	N83	平仓	PVC100010001	螺丝钉	1000	200 包
N83A2L03	N83A2	N83	平仓	PVC100010005	笔记本	1	200 台
N83A2L02	N83A2	N83	平仓	PVC100010006	水果	20	200 小箱
N83A2L01	N83A2	N83	平仓	PVC100010001	螺丝钉	2000	50 大袋
N83A1L08	N83A1	N83	平仓	PVC100010006	水果	50	200 大箱
N83A1L07	N83A1	N83	平仓	PVC100010002	光碟包	1	50 大袋
N83A1L06	N83A1	N83	平仓	PVC100010001	螺丝钉	1	200 颗
N83A1L05	N83A1	N83	平仓	PVC100010003	电风扇	1	200 台

续　表

仓位编号	区域编号	仓库编号	仓库类型	物料编号	物料名称	系数	库存数量
N83A1L04	N83A1	N83	平仓	PVC100010002	光碟包	50	200 小箱
N83A1L03	N83A1	N83	平仓	PVC100010001	螺丝钉	1000	200 包
N83A1L02	N83A1	N83	平仓	PVC100010005	笔记本	1	200 台
N83A1L01	N83A1	N83	平仓	PVC100010002	光碟包	1	200 个
N81A2L08	N81A2	N81	平仓	PVC100010001	螺丝钉	2000	50 大袋
N81A2L07	N81A2	N81	平仓	PVC100010004	洗衣机	1	200 台
N81A2L06	N81A2	N81	平仓	PVC100010005	笔记本	10	200 大箱
N81A2L05	N81A2	N81	平仓	PVC100010005	笔记本	6	200 小箱
N81A2L04	N81A2	N81	平仓	PVC100010006	水果	50	200 大箱
N81A2L03	N81A2	N81	平仓	PVC100010006	水果	20	200 小箱
N81A2L02	N81A2	N81	平仓	PVC100010006	水果	1	200 个
N81A2L01	N81A2	N81	平仓	PVC100010005	笔记本	1	200 台
N81A1L08	N81A1	N81	平仓	PVC100010002	光碟包	1	200 个
N81A1L07	N81A1	N81	平仓	PVC100010001	螺丝钉	2000	50 大袋
N81A1L06	N81A1	N81	平仓	PVC100010004	洗衣机	1	200 台
N81A1L05	N81A1	N81	平仓	PVC100010002	光碟包	1	50 大袋
N81A1L04	N81A1	N81	平仓	PVC100010001	螺丝钉	1	200 颗
N81A1L03	N81A1	N81	平仓	PVC100010003	电风扇	1	200 台
N81A1L02	N81A1	N81	平仓	PVC100010002	光碟包	50	200 小箱
N81A1L01	N81A1	N81	平仓	PVC100010001	螺丝钉	1000	200 包

八、实训题目

根据库存情况，将部分螺丝钉进行出库，出库数量分别为 200 颗、20 包、20 袋。

九、题目解析

（1）螺丝钉库存情况，如表 2－2－33 所示：

表 2－2－33　　螺丝钉库存情况

仓位编号	区域编号	仓库编号	仓库类型	物料编号	物料名称	系数	库存数量
01010052	N84A1	01	电子仓	PVC100010001	螺丝钉	2000	50 大袋

续 表

仓位编号	区域编号	仓库编号	仓库类型	物料编号	物料名称	系数	库存数量
01010049	N84A1	01	电子仓	PVC100010001	螺丝钉	1	150 颗
01010046	N84A1	01	电子仓	PVC100010001	螺丝钉	1000	150 包
N82A2L03	N82A2	N82	平仓	PVC100010001	螺丝钉	2000	25 大袋
N82A1L08	N82A1	N82	平仓	PVC100010001	螺丝钉	1	100 颗
N82A1L05	N82A1	N82	平仓	PVC100010001	螺丝钉	1000	100 包
N82A1L02	N82A1	N82	平仓	PVC100010001	螺丝钉	2000	50 大袋
N83A2L07	N83A2	N83	平仓	PVC100010001	螺丝钉	1	200 颗
N83A2L04	N83A2	N83	平仓	PVC100010001	螺丝钉	1000	200 包
N83A2L01	N83A2	N83	平仓	PVC100010001	螺丝钉	2000	50 大袋
N83A1L06	N83A1	N83	平仓	PVC100010001	螺丝钉	1	200 颗
N83A1L03	N83A1	N83	平仓	PVC100010001	螺丝钉	1000	200 包
N81A2L08	N81A2	N81	平仓	PVC100010001	螺丝钉	2000	50 大袋
N81A1L07	N81A1	N81	平仓	PVC100010001	螺丝钉	2000	50 大袋
N81A1L04	N81A1	N81	平仓	PVC100010001	螺丝钉	1	200 颗
N81A1L01	N81A1	N81	平仓	PVC100010001	螺丝钉	1000	200 包

（2）出库拣选方式的选择依据库存情况，可知储存螺丝钉的仓库类型有：电子仓、平仓。根据需出库情况，可知电子仓无法满足 200 颗的出库，所以出库的仓库类型只剩：平仓。平仓包含的仓库有：N81、N82、N83。因此，在物料拣选时可选择其一个仓库，或是其中两个或是三个仓库。如果两个或两个以上的仓库进行拣货，会浪费大量的人力、物力以及财力，故从成本方面考虑，需查看是否有一个仓库满足出库需求。经库存查看，N81 和 N83 仓满足出库需求，故只需在 N81 仓库或是 N83 仓库进行拣货即可。

十、实训操作

（一）新增出库计划单

第一步：点击【计划调度/出库计划】进入到出库计划列表页面。

第二步：新增出库计划单。点击【新增】按钮，进入到新增页面。

第三步：完善出库计划单表头信息。如表 2－2－34 所示：

表 2-2-34　　出库计划单表头信息 1

出库计划编号	自动编号
出库计划时间	2009-10-15
计划制作人员	周尚清

第四步：完善物料明细。点击【新增】按钮，选择物料。

第五步：选择物料及单位后，点击【确定】按钮，新增出库计划单页的物料明细将显示选择的物料信息，输入计划出库的数量，如表 2-2-35 所示。

表 2-2-35　　新增物料计划单物料明细 1

选择	物料编号	物料名称	物料规格	物料类型	物料单位	出库数量
◎	PVC100010001	螺丝钉	ISO9001	物料	包	20
◎	PVC100010001	螺丝钉	ISO9001	物料	大袋	20
◎	PVC100010001	螺丝钉	ISO9001	物料	颗	200

第六步：点击【保存】按钮，返回到出库计划列表。

第七步：选择新增出库计划单，点击【审核】按钮进行审核操作。

（二）出库接单

第一步：点击【出库作业/出库接单】，进入到出库接单列表页面。

第二步：新增出库作业单。点击【新增】按钮，进入到出库计划单选择页面，即选择要进行出库操作的计划单。

第三步：选择需出库的计划单，点击【下一步】，进入到出库安排。

第四步：制订出库计划。安排出库时间和出库调度员，如表 2-2-36 所示；出库物料明细如表 2-2-37 所示：

表 2-2-36　　出库接单信息 1

出库单编号	自动编号
出库计划单编号	自动调用
出库时间	2009-10-15
出库调度员	周尚清
操作类型	◎ RFID　◎电子标签　◎人工

表 2-2-37　　物料明细 1

物料编号	物料名称	物料规格	物料行业类型	物料单位	出库数量
PVC100010001	螺丝钉	ISO9001	物料	颗	200
PVC100010001	螺丝钉	ISO9001	物料	包	20
PVC100010001	螺丝钉	ISO9001	物料	大袋	20

第五步：【保存】出库安排，返回到出库接单列表页面，此时出库作业单的状态为“未审核”。

第六步：【审核】出库单，如表 2-2-38 所示。

表 2-2-38　　出库单审核信息 1

选择	出库单编号	出库时间	出库单状态	操作类型
☉	自动调用	2009-10-15	已审核	手工

（三）出库拣选

第一步：点击【出库作业/出库拣选】，进入到出库拣货列表。

第二步：选择出库单，点击【拣货】，进入到货物信息页面，如表 2-2-39 所示。

表 2-2-39　　货物信息 1

选择	货物编号	货物品名	货物类型	货物规格	货物单位	数量
☉	PVC100010001	螺丝钉	物料	ISO9001	颗	200
☉	PVC100010001	螺丝钉	物料	ISO9001	大袋	20
☉	PVC100010001	螺丝钉	物料	ISO9001	包	20

第三步：选择出库物料，再点击【拣货】按钮，进入到仓位拣货页面。

第四步：拣货。

（1）拣货 1：拣 200 颗螺丝钉。拣货详细信息如表 2-2-40 所示，货物信息如表 2-2-41 所示：

表 2-2-40　　拣货 1 详细信息

货物编号	PVC100010001	货物名称	螺丝钉
仓库编号	N83	仓库名称	滞料库
拣货数量	200 颗		

表 2-2-41　　拣货 1 货物信息

仓位编号	区域编号	库存数量	拣货数量
N83A1L06	N83A1	200	200
N83A2L07	N83A2	200	

（2）拣货 2：拣 20 袋螺丝钉。拣货详细信息如表 2-2-42 所示，货物信息如表 2-2-43所示：

表 2-2-42　　拣货 2 详细信息

货物编号	PVC100010001	货物名称	螺丝钉
仓库编号	N83	仓库名称	滞料库
拣货数量	20 大袋		

表 2-2-43　　拣货 2 货物信息

仓位编号	区域编号	库存数量	拣货数量
N83A2L01	N83A2	50	20

（3）拣货 3：拣 20 包螺丝钉。拣货详细信息如表 2-2-44 所示，货物信息如表 2-2-45 所示：

表 2-2-44　　拣货 3 详细信息

货物编号	PVC100010001	货物名称	螺丝钉
仓库编号	N83	仓库名称	滞料库
拣货数量	20 包		

表 2-2-45　　拣货 3 货细信息

仓位编号	区域编号	库存数量	拣货数量
N83A1L03	N83A1	200	20
N83A2L04	N83A2	200	

第五步：拣货完毕，点击【保存】，系统自动返回到拣货方式选择页面，显示该物料的仓位拣货情况，如表 2-2-46 所示。

表 2-2-46　　物料仓位拣货情况

货物编号	货物品名	货物类型	货物规格	货物单位	仓位编号	仓库编号	仓库名称	拣货数量
PVC100010001	螺丝钉	物料	ISO9001	颗	N83A1L06	N83	滞料库	200
PVC100010001	螺丝钉	物料	ISO9001	大袋	N83A2L01	N83	滞料库	20
PVC100010001	螺丝钉	物料	ISO9001	包	N83A1L03	N83	滞料库	20

第六步：确认拣货。所有拣货完毕，返回到出库拣货单列表页，选择已拣货的出库单，点击【拣货确认】进行确定。

（四）出库装卸

第一步：点击【出库作业/出库装卸】，进入到出库装货单列表。

第二步：点击【新增】，选择已拣货完毕的出库单。

第三步：选择出库单，点击【下一步】，进行装货安排。装货单信息如表2－2－47所示，装卸物料明细如表2－2－48所示：

表2－2－47　装货单信息1

装货单编号	自动调用
出库单编号	自动调用
出库时间	2009－10－15
装货人员数量	2
装货团队	装卸第一组

表2－2－48　物料明细1

物料编号	物料名称	物料规格	物料行业类型	物料单位	出库数量
PVC100010001	螺丝钉	ISO9001	工业	大袋	20
PVC100010001	螺丝钉	ISO9001	工业	颗	200
PVC100010001	螺丝钉	ISO9001	工业	包	20

第四步：装货完毕，须进行审核。审核信息如表2－2－49所示：

表2－2－49　装货审核信息1

选择	装货单编号	出库单编号	装货状态	操作类型
☑	自动生成	自动调用	装卸确认	手工

（五）出库确认

第一步：点击【出库作业/出库确认】按钮，进入到出库单列表。

第二步：出库确认。点击【确认】按钮，完成出库确认，出库单状态由已装卸更新为出库确认，如表2－2－50所示：

表 2-2-50 出库确认 1

选择	出库单编号	出库时间	出库单状态	操作类型
⊡	自动调用	2009-10-15	出库确认	手工

十一、实训结果

在【存库监控/出库历史查询】中，点击【查看】进入出库单页面。出库单信息如表 2-2-51 所示，出库物料明细如表 2-2-52 所示：

表 2-2-51 出库单信息 1

出库单编号	自动调用
出库计划单编号	自动调用
出库时间	2009-10-15
出库调度员	周尚清
操作类型	手工

表 2-2-52 出库物料明细 1

物料编号	物料名称	物料规格	物料行业类型	物料单位	出库数量
PVC100010001	螺丝钉	ISO9001	物料	包	20
PVC100010001	螺丝钉	ISO9001	物料	大袋	20
PVC100010001	螺丝钉	ISO9001	物料	颗	200

在【库存管理/库存查询】中，可查看到出库后库存详细信息，如表 2-2-53 所示：

表 2-2-53 库存查询表

仓位编号	区域编号	仓库编号	仓库类型	物料编号	物料名称	系数	库存数量
N83A2L07	N83A2	N83	平仓	PVC100010001	螺丝钉	1	200 颗
N83A2L04	N83A2	N83	平仓	PVC100010001	螺丝钉	1000	200 包
N83A2L01	N83A2	N83	平仓	PVC100010001	螺丝钉	2000	30 大袋
N83A1L03	N83A1	N83	平仓	PVC100010001	螺丝钉	1000	180 包

模块三　仓储综合实训

一、实训前提

老师在后台为当前登录用户初始化了综合实训。

二、实训学时

6 学时。

三、实训类型

综合实训。

四、实训要求

必修。

五、实训内容

入库业务、出库业务。

六、实训目的

了解并掌握仓储管理整个业务操作。

七、系统初始数据

（1）物料信息，见表 2－2－1。
（2）单位信息，见表 2－2－2。
（3）仓库信息，见表 2－2－3。
（4）区域信息，见表 2－2－4。
（5）仓位信息（部分），见表 2－2－5。
（6）库存信息，见表 2－2－32。

八、实训题目

有一批物品要暂存仓库，货物名称为茉莉花茶，货号 DB35/T91. 19，共计 100 箱。总重量 300 千克，总体积 10m³，需暂时放入仓库——滞料库 N83，暂存时间为 5 天。

九、题目解析

（1）需新增物料：茉莉花茶。货号：DB35/T91.19。

（2）总重量：300千克。总体积：5立方米。那么单箱重量为3千克，单箱体积为0.1立方米。

（3）该暂存货物需放入滞料库N83。

（4）存放时间为5天，即5天后即需出库。

十、实训操作

（一）设置物料信息

第一步：点击【基础数据/物料信息】进入物料信息列表页面。

第二步：点击【新增】按钮进入新增页面。

第三步：根据实训题目提供的物料信息，录入物料。录入信息如表2－2－54、表2－2－55所示：

表2－2－54　　物料信息2

物料编号	系统自动生成	物料名称	茉莉花茶
物料类型	成品	物料规格	DB35/T91.19
物料行业	制造行业		

表2－2－55　　物料单位明细2

选择	重量	重量单位	体积	体积单位	安全库存	最高库存	最低库存	系数	物料单价
☑	3	小箱	0.1	立方米	10	200	10	1	1000

第四步：保存录入的物料信息。保存后结果如表2－2－56所示：

表2－2－56　　物料信息录入结果2

选择	物料名称	物料编号	物料规格
☑	茉莉花茶	系统自动生成	DB35/T91.19

（二）新增仓库及仓位信息

查看实训题目中提示的仓位是否存在，若无，需进行增加；若有，可直接使用。

1. 新增仓库

第一步：点击【基础数据/仓库信息】进入仓库列表页面。

第二步：新增仓库信息。点击【新增】进入仓库新增信息完善页面。

第三步：填写新增仓库信息。仓库类型分为三种：平仓、电子仓虚拟仓、RFID 仓虚拟仓。系统在仓库类型中设置了八种仓库，除电子仓虚拟仓、RFID 仓虚拟仓新增保存后分别显示为电子仓和 RFID 仓，其余的都显示为平仓，用户根据实际需求进行新增仓库。

第四步：保存新增信息。保存后，以平仓为例，结果大致如表 2－2－57 所示：

表 2－2－57　　新增仓库信息 2

选择	仓库名称	仓库编号	仓库类型
◎	滞料仓	N83	平仓

2. 新增仓库区域信息

第一步：点击【基础数据/区域信息】进入仓库列表页面。

第二步：新增区域信息。点击【新增】进入区域新增信息完善页面。

第三步：增写仓库区域信息。根据实训题目中仓位信息的提炼，可知仓库为 N83，区域无限制，所以需在 N82 仓库中可划分出区域 A1、A2。

第四步：保存新增的区域信息。保存后信息大致如表 2－2－58 所示：

表 2－2－58　　新增仓库区域信息 2

仓库区域名称	仓库区域编号	所属仓库	所属仓库编号
滞料库 A1 区	N83A1	滞料库	N83
滞料库 A2 区	N83A2	滞料库	N83

3. 新增仓位信息

第一步：点击【基础数据/仓位信息】进入仓库列表页面。

第二步：新增仓位信息。点击【新增】进入仓位新增信息完善页面。

第三步：增加仓位信息。如表 2－2－59 所示：

表 2－2－59　　增加仓位信息 2

仓位编号	区域名称	区域编号	所属仓库	仓库编号
N83A2L08	滞料库 A2 区	N83A2	滞料库	N83
N83A2L07	滞料库 A2 区	N83A2	滞料库	N83

续 表

仓位编号	区域名称	区域编号	所属仓库	仓库编号
N83A2L06	滞料库 A2 区	N83A2	滞料库	N83
N83A2L05	滞料库 A2 区	N83A2	滞料库	N83
N83A2L04	滞料库 A2 区	N83A2	滞料库	N83
N83A2L03	滞料库 A2 区	N83A2	滞料库	N83
N83A2L02	滞料库 A2 区	N83A2	滞料库	N83
N83A2L01	滞料库 A2 区	N83A2	滞料库	N83
N83A1L08	滞料库 A1 区	N83A1	滞料库	N83
N83A1L07	滞料库 A1 区	N83A1	滞料库	N83
N83A1L06	滞料库 A1 区	N83A1	滞料库	N83
N83A1L05	滞料库 A1 区	N83A1	滞料库	N83
N83A1L04	滞料库 A1 区	N83A1	滞料库	N83
N83A1L03	滞料库 A1 区	N83A1	滞料库	N83
N83A1L02	滞料库 A1 区	N83A1	滞料库	N83
N83A1L01	滞料库 A1 区	N83A1	滞料库	N83

第四步：保存仓位信息。

（三）入库计划

第一步：点击【计划调度/入库计划】进入到入库计划列表页面。

第二步：新增入库计划单。点击【新增】按钮，进入到新增页面。

第三步：完善入库计划单表头信息。如表 2－2－60 所示：

表 2－2－60　　入库计划单表头信息 2

入库计划编号	自动编号
入库计划时间	2009－11－01
计划制作人员	李漳

第四步：选择物料及单位后，点击【确定】按钮。

第五步：输入计划入库的数量。

第六步：点击【保存】按钮进行保存。物料明细如表 2－2－61 所示：

表 2－2－61　物料明细 2

选择	物料编号	物料名称	物料规格	物料类型	物料单位	入库数量
☐	系统自动调用	茉莉花茶	DB35/T91. 19	成品	小箱	100

第七步：选择新增入库计划单，点击【审核】按钮进行审核操作。

（四）入库接单

第一步：点击【入库作业/入库接单】，进入到入库接单列表页面。

第二步：新增入库作业单。点击【新增】按钮，进入到入库计划单选择页面，即选择要进行入库操作的计划单。

第三步：选择需入库的计划单，点击【下一步】，进入到入库安排。

第四步：制订入库，安排入库时间和入库调度员。入库单信息如表 2－2－62 所示，入库物料明细如表 2－2－63 所示：

表 2－2－62　入库单信息 2

入库单编号	自动编号
入库计划编号	系统自动调用
入库时间	2009－11－01
入库调度员	李漳
操作类型	☐ RFID　☐电子标签　☐人工　☐ IT600

表 2－2－63　入库物料明细 2

物料编号	物料名称	物料规格	物料行业类型	物料单位	入库数量
系统自动调用	茉莉花茶	DB35/T91. 19	成品	小箱	100

第五步：【保存】入库安排，返回入库接单列表页面，此时入库作业单的状态为"未审核"。

第六步：【审核】入库单。审核后结果及状态如表 2－2－64 所示：

表 2－2－64　入库审核信息 2

选择	入库单号	入库时间	入库单状态	操作类型
☐	系统自动调用	2009－11－01	已审核	手工

（五）卸货

第一步：点击【入库作业/卸货】进入到卸货列表。

第二步：点击【新增】按钮，选择要卸货的入库单。

第三步：选择入库单，点击【下一步】，进行卸货安排。卸货单信息如表 2 -2 -65 所示，卸货物料明细如表 2 -2 -66 所示：

表 2 -2 -65　　卸货单信息 2

卸货单编号	（自动生成）
入库单编号	自动生成
入库时间	2009 -11 -01
操作类型	手工
卸货人员数量	3

表 2 -2 -66　　卸货物料明细 2

物料编号	物料名称	物料规格	物料行业类型	物料单位	入库数量
系统自动调用	茉莉花茶	DB35/T91. 19	制造行业	小箱	100

第四步：【保存】卸货安排。

第五步：卸货完毕，点击【审核】确认卸货。卸货审核信息如表 2 -2 -67 所示：

表 2 -2 -67　　卸货审核信息 2

选择	卸货单编号	入库单编号	卸货状态	操作类型
☑	系统自动生成	系统自动调用	装卸确认	手工

（六）验货

第一步：点击【入库作业/验货】进入验货单列表页面。

第二步：点击【新增】按钮，进入到需验货的入库单列表。

第三步：选择入库单，点击下一步，进入验货单验货结果记录页面。验货单信息如表 2 -2 -68 所示，验货明细如表 2 -2 -69 所示：

表 2 -2 -68　　验货单信息 2

验货单编号	（自动生成）
入库单编号	系统自动调用
验货人员	刘海军

表 2－2－69　　验货明细 2

物料名称	物料单位	抽检数量	入库数量	包装检查结果	数量检查结果	质量检查结果	检查合格数
茉莉花茶	小箱	100	100	包装完好	100 箱	合格	100

第四步：点击【审核】按钮，进行验货确认。验货审核信息如表 2－2－70 所示：

表 2－2－70　　验货审核信息 2

选择	验货单编号	入库单编号	验货状态	操作类型
⊡	系统自动生成	系统自动调用	验货确认	手工

（七）安排仓位

第一步：点击【入库作业/安排仓位】进入入库单列表页面。

第二步：选择入库单，点击【安排仓位】，进入到摆货策略选择页面，如表 2－2－71 所示。

表 2－2－71　　摆货策略选择 2

摆货策略	⊡手动摆货	⊡现有货存	⊡固定仓位	⊡下一空仓位

第三步：选择物料后，再选择摆货策略，点击【安排仓位】，进入到仓位摆货，如表 2－2－72 所示。

表 2－2－72　　仓位摆货明细 2

选择	物料名称	物料规格	物料类型	入库数量
⊡	茉莉花茶	DB35/T91. 19	成品	100 小箱

选择摆货策略，如表 2－2－73 所示：

表 2－2－73　　选择摆货策略 2

摆货策略	⊡手动摆货	⊡现有货存	⊡固定仓位	⊡下一空仓位

第四步：选择仓位输入摆货数量，摆货详情如表 2－2－74 所示，仓位摆货数量如表 2－2－75 所示。

表 2－2－74　　摆货详情 2

货物信息	茉莉花茶 100 小箱
已摆货数量	0 小箱
未摆货数量	100 小箱
仓库类型	平仓

表 2－2－75　　仓位摆货数量 2

仓位编号	货存量	摆货数量
N83A1L02	0	50
N83A1L01	0	50

第五步：摆货完毕，点击【摆货确认】，保存摆货信息。

（八）入库确认

第一步：点击【入库作业/入库确认】按钮，进入到入库单列表。

第二步：入库确认。点击【确认】按钮，完成入库确认，入库单状态由已上架更新为已入库，如表 2－2－76 所示：

表 2－2－76　　入库确认 2

选择	入库单号	入库时间	入库单状态	操作类型
回	系统自动调用	2009－11－01	入库完成	手工

（九）新增出库计划单

第一步：点击【计划调度/出库计划】进入到出库计划列表页面。

第二步：新增出库计划单。点击【新增】按钮，进入到新增页面。

第三步：完善出库计划单表头信息。如表 2－2－77 所示：

表 2－2－77　　出库计划单表头信息 2

出库计划编号	自动编号
出库计划时间	2009－11－06
计划制作人员	王志

第四步：完善物料明细。点击【新增】按钮，选择物料。

第五步：选择物料及单位后，点击【确定】按钮，新增出库计划单页的物料明细将显示选择的物料信息，输入计划出库的数量，如表 2－2－78 所示。

表 2－2－78　　新增物料计划单物料明细 2

选择	物料编号	物料名称	物料规格	物料类型	物料单位	出库数量
◎	自动调用	茉莉花茶	DB35/T91. 19	成品	小箱	100

第六步：点击【保存】按钮，返回到出库计划列表。

第七步：选择新增出库计划单，点击【审核】按钮进行审核操作。

（十）出库接单

第一步：点击【出库作业/出库接单】，进入到出库接单列表页面。

第二步：新增出库作业单。点击【新增】按钮，进入到出库计划单选择页面，即选择要进行出库操作的计划单。

第三步：选择需出库的计划单，点击【下一步】，进入到出库安排。

第四步：制订出库计划。安排出库时间和出库调度员，如表 2－2－79 所示；出库物料明细如表 2－2－80 所示：

表 2－2－79　　出库接单信息 2

出库单编号	自动编号
出库计划单编号	自动调用
出库时间	2009－11－06
出库调度员	王志
操作类型	◎ RFID　◎电子标签　⊙人工

表 2－2－80　　物料明细 2

物料编号	物料名称	物料规格	物料行业类型	物料单位	出库数量
自动调用	茉莉花茶	DB35/T91. 19	成品	小箱	100

第五步：【保存】出库安排，返回到出库接单列表页面，此时出库作业单的状态为“未审核”。

第六步：【审核】出库单，如表 2－2－81 所示。

表 2－2－81　　出库单审核信息 2

选择	出库单编号	出库时间	出库单状态	操作类型
◎	自动调用	2009－11－06	已审核	手工

（十一）出库拣选

第一步：点击【出库作业/出库拣选】，进入到出库拣货列表。

第二步：选择出库单，点击【拣货】，进入到货物信息页面，如表2－2－82所示。

表2－2－82　货物信息2

选择	货物编号	货物品名	货物类型	货物规格	货物单位	数量
回	自动调用	茉莉花茶	DB35/T91.19	成品	小箱	100

第三步：选择出库物料，再点击【拣货】按钮，进入到仓位拣货页面。

第四步：拣货。拣货详细信息如表2－2－83所示，货物信息如表2－2－84所示。

表2－2－83　拣货详细信息

货物编号	PVC100010001	货物名称	茉莉花茶
仓库编号	N83	仓库名称	滞料库
拣货数量	100小箱		

表2－2－84　货物信息

仓位编号	区域编号	库存数量	拣货数量
N83A1L02	N83A1	50	50
N83A1L01	N83A1	50	50

第五步：拣货完毕，点击【保存】，系统自动返回到拣货方式选择页面，显示该物料的仓位拣货情况，如表2－2－85所示。

表2－2－85　物料仓位拣货情况2

货物编号	货物品名	货物类型	货物规格	货物单位	仓位编号	仓库编号	仓库名称	拣货数量
自动调用	茉莉花茶	成品	DB35/T91.19	小箱	N83A1L02	N83	滞料库	50
自动调用	茉莉花茶	成品	DB35/T91.19	小箱	N83A1L01	N83	滞料库	50

第六步：确认拣货。所有拣货完毕，返回到出库拣货单列表页，选择已拣货的出库单，点击【拣货确认】进行确定。

（十二）出库装卸

第一步：点击【出库作业/出库装卸】，进入到出库装货单列表。

第二步：点击【新增】，选择已拣货完毕的出库单。

第三步：选择出库单，点击【下一步】，进行装货安排。装货单信息如表2－2－86所示，装卸物料明细如表2－2－87所示：

表2－2－86　装货单信息2

装货单编号	自动生成
出库单编号	自动调用
出库时间	2009－11－06
装货人员数量	2
装货团队	装卸第一组

表2－2－87　物料明细2

物料编号	物料名称	物料规格	物料行业类型	物料单位	出库数量
自动调用	茉莉花茶	DB35/T91.19	制造行业	小箱	100

第四步：装货完毕，须进行审核。审核信息如表2－2－88所示：

表2－2－88　装货审核信息2

选择	装货单编号	出库单编号	装货状态	操作类型
◎	自动生成	自动调用	装卸确认	手工

（十三）出库确认

第一步：点击【出库作业/出库确认】按钮，进入到出库单列表。

第二步；出库确认。点击【确认】按钮，完成出库确认，出库单状态由已装卸更新为出库确认，如表2－2－89所示：

表2－2－89　出库确认2

选择	出库单编号	出库时间	出库单状态	操作类型
◎	自动调用	2009－11－06	出库确认	手工

十一、实训结果

在【库存监控/入库历史查询】中，点击【确认】进入入库单页面，出库单信息如表2－2－90所示，入库物料明细如表2－2－91所示：

表 2－2－90　　入库单信息 2

入库单编号	自动调用
入库计划编号	自动调用
入库时间	2009－11－01
入库调度员	李漳

表 2－2－91　　入库物料明细 2

物料编号	物料名称	物料规格	物料类型	物料单位	入库数量
自动调用	茉莉花茶	DB35/T91. 19	成品	小箱	100

在【库存监控/出库历史查询】中点击【查看】进入出库单页面，出库单信息如表2－2－92所示，出库物料明细如表 2－2－93 所示：

表 2－2－92　　出库单信息 2

出库单编号	自动调用
出库计划单编号	自动调用
出库时间	2009－11－06
出库调度员	王志
操作类型	手工

表 2－2－93　　出库物料明细 2

物料编号	物料名称	物料规格	物料行业类型	物料单位	出库数量
自动调用	茉莉花茶	DB35/T91. 19	成品	小箱	100

十二、实训评价

实训结果评价如表 2－2－94 所示：

表 2－2－94　　实训结果评价

考核评价内容	标准	分值（分）	评价得分	备注
商品入库操作模拟	接收和验收操作程序正确、方法得当	10		
	凭证审核认真、全面、没有遗漏	10		
	验收仔细、全面、处理得当	10		
	单证填写规范	10		

续 表

考核评价内容	标准	分值（分）	评价得分	备注
出库作业流程模拟	模拟出库操作流程完成性、正确性	10		
	表格填写规范、审核细致	10		
	出库前准备工作充分、时间控制是否合理	10		
	包装形式正确、出库清单正确	10		
综合性	作业流程完整、业务熟练	10		
团队合作评价	团队分工合作理性、协调性	5		
	团队合作执行任务的效率	5		
	完成任务的创新性、汇报的完整性	5		
合计		100		

十三、实训成果

仓储管理系统的操作过程形成实训报告，结合企业实际提出合理化建议。

附录 1
全国职业院校物流技能大赛高职组比赛简介

一、竞赛组织

“全国职业院校技能大赛”高职组“现代物流—储配方案的设计与执行”竞赛是中华人民共和国教育部高教司组织的全国范围内最高规格的职业院校物流技能大赛，分为省赛、国赛两个级别。

二、竞赛方式

（1）比赛以团队方式进行，每支参赛队由 3 名选手组成，须为同校在籍学生，其中主管 1 名（对方案的设计、修订、客户优先等级、外包与否等负主要责任），性别和年级不限，可配 1 名指导教师。

（2）赛程由制订储配方案赛段和实施储配方案赛段两部分组成，安排在不同的时间、不同的竞赛区域进行。首先进行制订储配方案赛段竞赛，然后实施储配方案赛段的竞赛。

制订储配方案赛段：竞赛用时为 4 个小时。

实施储配方案赛段：竞赛用时为 2 个小时（实际操作为 100 分钟）。

（3）比赛期间，允许参赛队员在规定时间内按照规则，接受指导教师指导。参赛选手可自主选择是否接受指导（外包），接受指导的时间计入竞赛外包工时成本。赛场开放，允许观众按照规定，在不影响选手比赛的前提下现场参观和体验。

（4）赛后点评 。赛项比赛全部结束后，由专家对赛项相关产业的发展进行介绍并对赛项的技术要点、选手表现、比赛过程等进行点评。

三、竞赛内容

1. 制订储配方案

选手分工并做好工作准备；根据所获取的企业储存、配货、场地、货物、货架、托盘、叉车、月台、客户、工时资料、各种租赁、货位占用费、外包咨询服务费、安全要求等相关信息，进行分析处理；进行货位优化及制订货物入库方案；进行订单处理及生成拣选单；撰写外包委托书；编制可实施的储配作业计划；预测出实施方案可能出现的问题和应对方案。

2. 实施储配方案

选手根据上述储配方案的设计结果，在竞赛场地实施方案。选手选择最佳时机并根据作业任务需求向租赁中心租赁托盘、叉车、地牛等设备和工具；执行入库作业计划；执行出库作业计划。选手在实施过程中要体现物流企业所需要的基本操作技能，服务质量与安全意识。选手实施方案过程中，可修改方案，也可外包。修改方案和外包均将按预定的比例增加成本。以操作规范程度、方案是否可行、方案实施效率、成本核算、服务质量、安全意识等要素为依据，计算综合成本为评价标准。

四、竞赛成果文件

（1）制订储配方案赛段：各参赛队制订储配方案阶段递交的成果为电子文件和纸质文件，并以打印的纸质文件为准，由赛场统一提供提取数据的工具。

（2）实施储配方案赛段：裁判记录和填写的各参赛队实施储配方案过程的成本核算表。

五、物流大赛软件介绍

（一）组委会登录物流大赛软件

（1）打开 IE 浏览器，输入物流大赛软件的访问地址：http：//IP：996/noswms，其中服务器的 IP 地址根据技术支持方提供地址为准，如附图 1－1 所示：

附图 1－1　物流大赛软件首页

（2）输入用户编号和密码（都是 admin），点击【登录】进入物流大赛软件后台页面，如附图 1－2 所示：

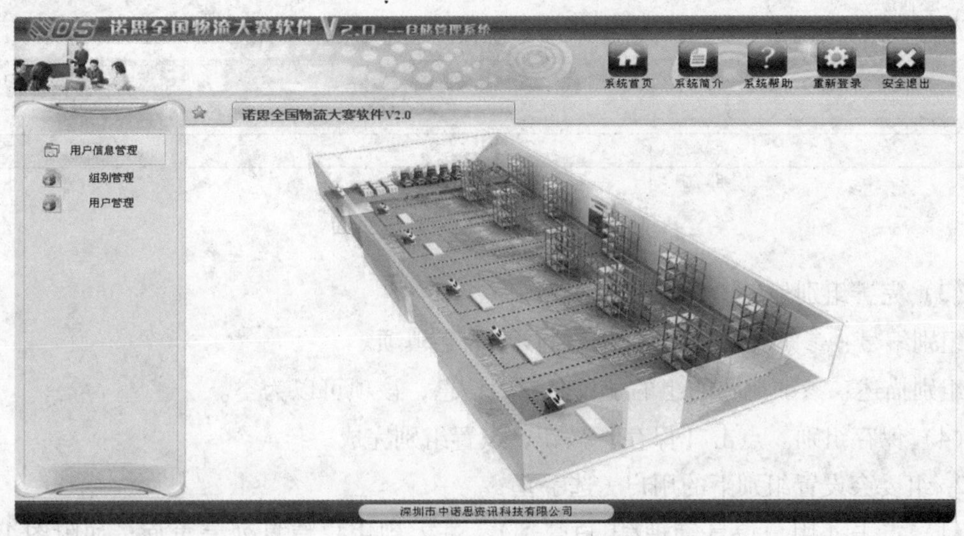

附图 1－2　物流大赛软件后台页面

（二）组委会设置组别

1. 组委会新增组别

（1）点击【用户信息管理/组别管理】，进入到组别信息列表页面，如附图 1－3 所示：

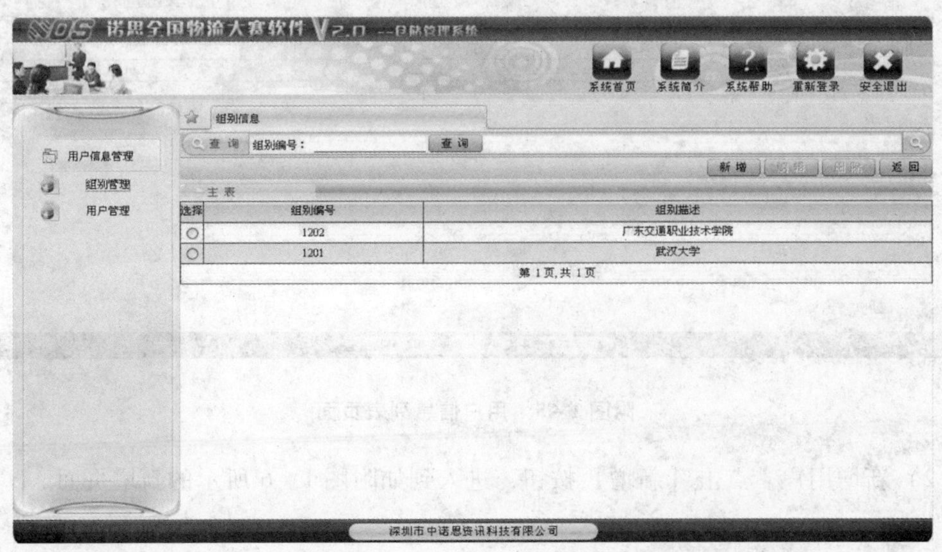

附图 1－3　组别信息列表页面

（2）新增组别。点击【新增】按钮，进入到如附图 1－4 所示的新增页面。

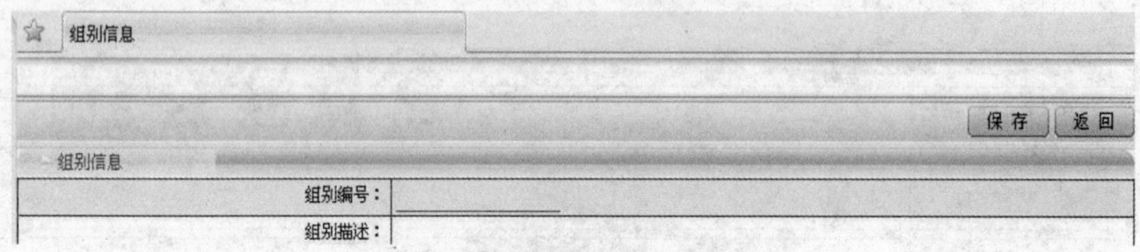

附图 1－4　组别信息新增页面

（3）完善组别信息。

组别编号：参加比赛的组的编号，该项为必填项。

组别描述：参加比赛的组的学校名称等信息，该项可以为空。

（4）保存组别。点击【保存】按钮，设置组别完成。

2. 组委会设置组别下的用户（选手）

（1）点击【用户信息管理/用户管理】，进入到用户信息列表页面，如附图 1－5 所示：

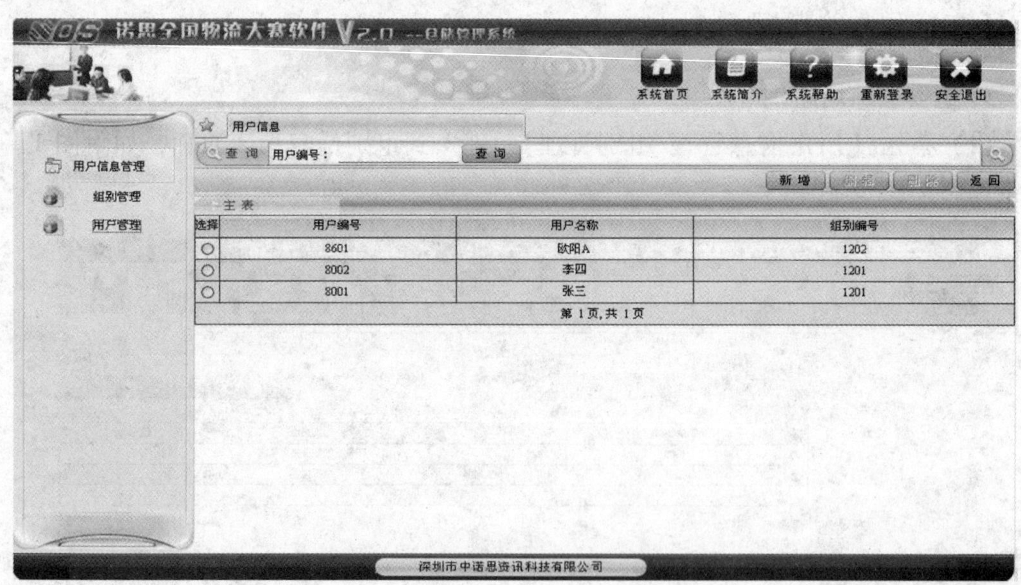

附图 1－5　用户信息列表页面

（2）新增用户。点击【新增】按钮，进入到如附图 1－6 所示的新增页面。

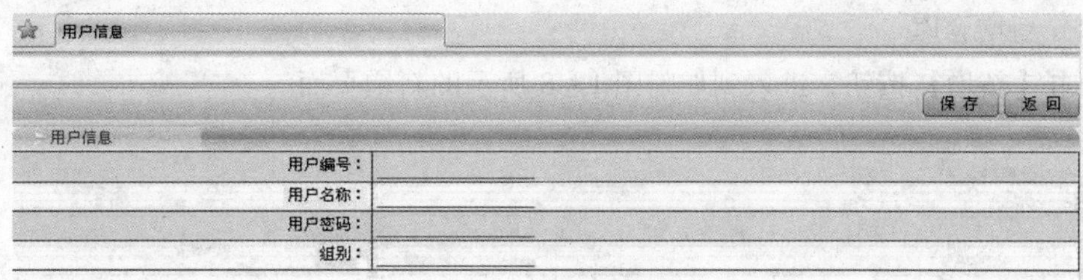

附图1－6　用户信息新增页面

(3) 完善用户信息。

用户编号：参加比赛的选手的编号（用户编号），该项为必填项。

用户名称：参加比赛的选手的姓名，该项可以为空。

用户密码：参加比赛的选手的密码（用户密码），该项为必填项。

组别：参加比赛的选手所在的组，该项为必填项。

(4) 保存用户信息。点击【保存】按钮，设置本组别下的用户完成。

（三）物流大赛软件主页面操作说明

登录系统后出现操作主页面。

1. 基础数据

功能概述：基础数据主要包括仓库信息、仓位信息、托盘信息及物料信息等仓储业务发生所必需的数据基础。

(1) 仓库信息

功能概述：设置仓储业务发生的仓库信息。

操作方法：点击【基础数据/仓库信息】进入到如附图1－7所示的仓库信息列表页面。

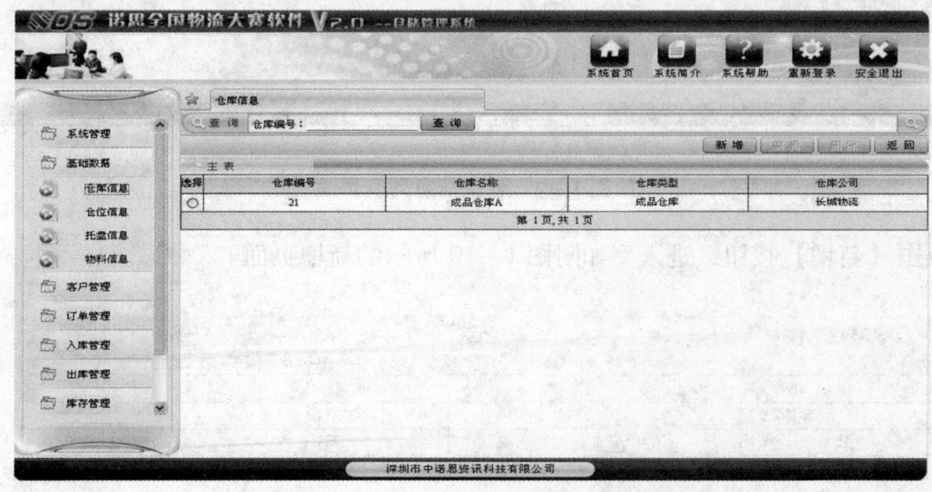

附图1－7　仓库信息列表页面

（2）新增仓库

点击【新增】按钮，进入到如附图 1－8 所示的新增页面。

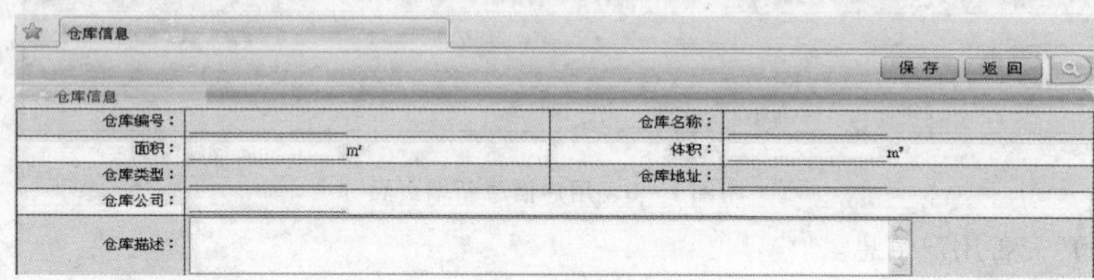

附图 1－8　仓库信息新增页面

（3）仓位信息

功能概述：设置仓储业务发生的仓位信息。

操作方法：点击【基础数据/仓位信息】进入到如附图 1－9 所示的仓位信息列表页面。

诺思全国物流大赛软件 V2.0 --仓储管理系统

系统首页　系统简介　系统帮助　重新登录　安全退出

系统管理　基础数据　仓库信息　仓位信息　托盘信息　物料信息　客户管理　订单管理　入库管理　出库管理　库存管理

仓位信息

查 询　仓位编号：　查 询

新 增　修 改　删 除　返 回

主 表

选择	仓位编号	所属仓库	仓位规格型号	仓位类型
○	51006	成品仓库A	2m*2m*2m	成品
○	51005	成品仓库A	2m*2m*2m	成品
○	51004	成品仓库A	2m*2m*2m	成品
○	51003	成品仓库A	2m*2m*2m	成品
○	51002	成品仓库A	2m*2m*2m	成品
○	51001	成品仓库A	2m*2m*2m	成品

第 1 页，共 1 页

深圳市中诺思资讯科技有限公司

附图 1－9　仓位信息列表页面

点击【新增】按钮，进入到如附图 1－10 所示的新增页面。

保 存　返 回

仓位信息

仓位编号：　所属仓库：

仓位规格型号：　仓位类型：

长：　m　宽：　m

高：　m

附图 1－10　仓位信息新增页面

（4）托盘信息

功能概述：设置仓储业务发生的托盘信息。

操作方法：点击【基础数据/托盘信息】进入到如附图 1－11 所示的托盘信息列表页面。

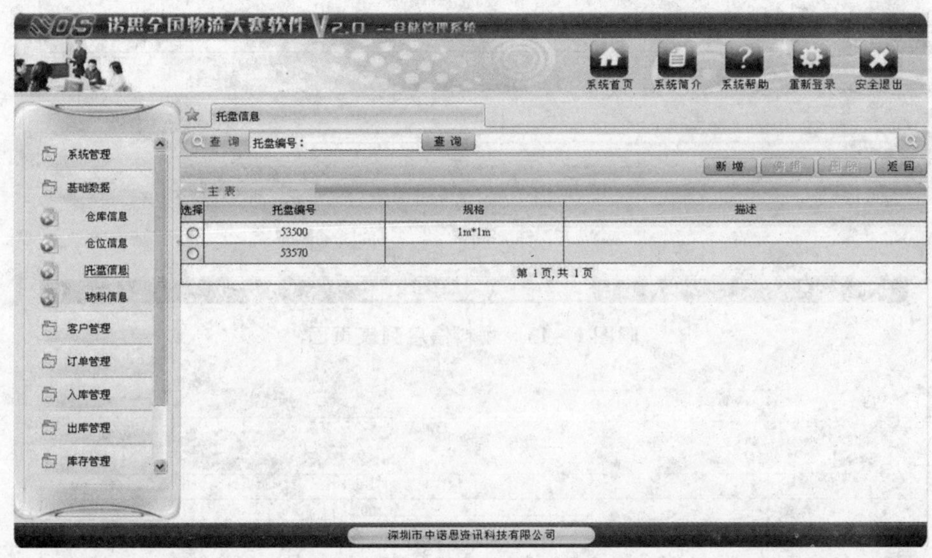

附图 1－11　托盘信息列表页面

新增托盘：点击【新增】按钮，进入到如附图 1－12 所示的新增页面。

托盘信息

保 存　返 回

托盘信息

托盘编号：		托盘规格：	
长：	m	宽：	m
高：	m		
托盘描述：			

附图 1－12　托盘信息新增页面

（5）物料信息

功能概述：设置仓储业务发生的物料信息。

操作方法：点击【基础数据/物料信息】进入到如附图 1－13 所示的物料信息列表页面。

新增物料：点击【新增】按钮，进入到如附图 1－14 所示的新增页面。

2. 客户管理

功能概述：设置仓储业务发生的客户信息。

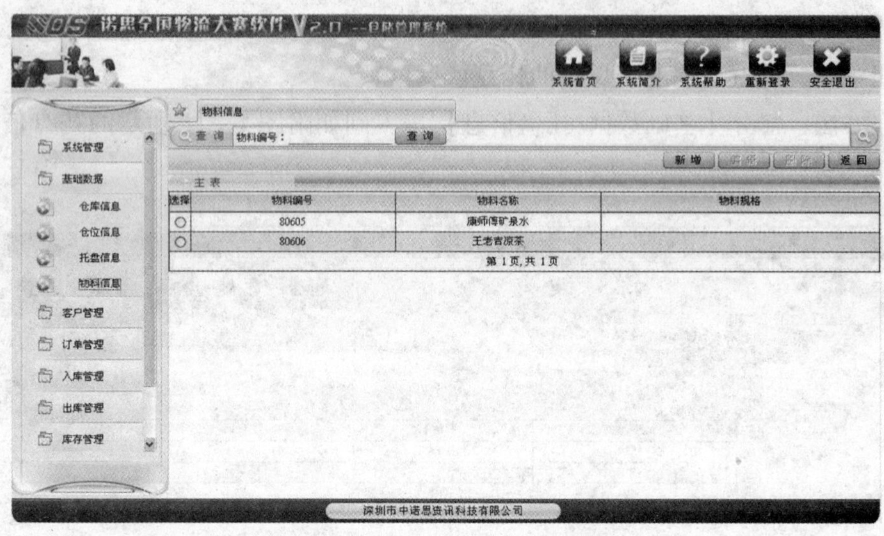

附图 1－13　物料信息列表页面

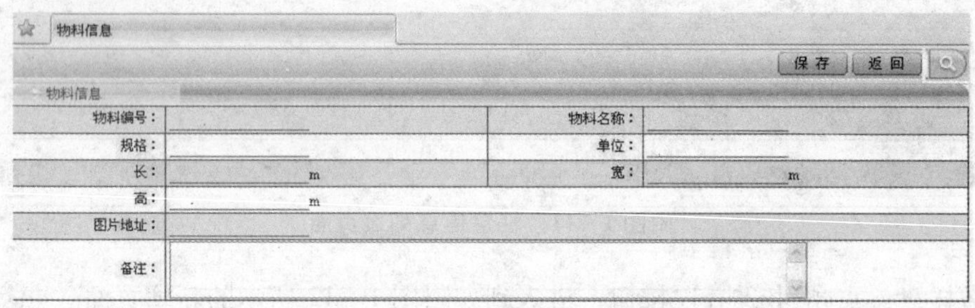

附图 1－14　物料信息新增页面

操作方法：点击【客户管理/客户信息】进入到如附图 1－15 所示的客户信息列表页面。

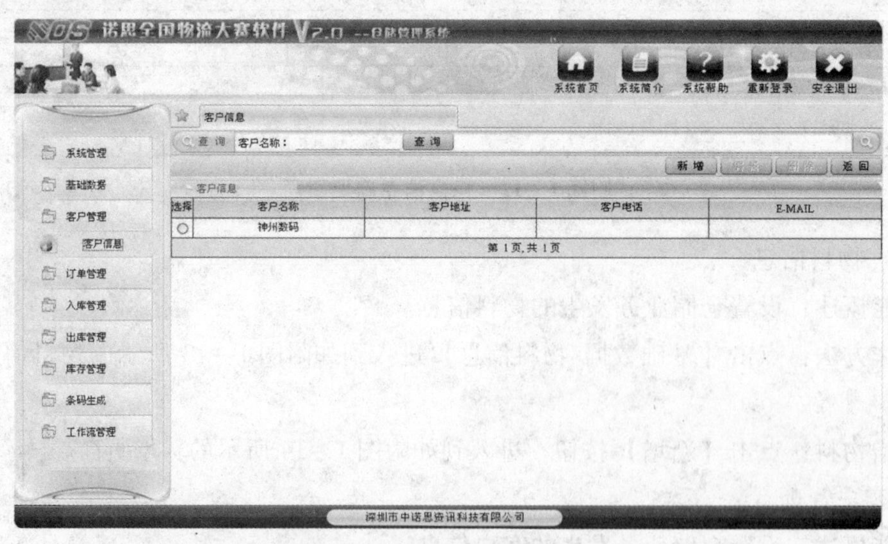

附图 1－15　客户信息列表页面

新增客户：点击【新增】按钮，进入到如附图 1－16 所示的新增页面。

客户信息

保存　返回

客户信息

客户编号：		客户名称：	
客户简称：		客户类型：	
客户地址：		客户电话：	
联系人：		E-MAIL：	
城市：		邮编：	

附图 1－16　客户信息新增页面

3. 入库操作

入库操作主要包括入库计划和入库管理两个部分。

入库计划包括：入库计划。

入库管理包括：入库作业、RF 组托、RF 上架、入库单打印等。

（1）入库计划

功能概述：根据制订的储配方案来制订相应的入库订单。

操作方法：点击【订单管理/入库计划】，进入到如附图 1－17 所示的入库订单列表页面。

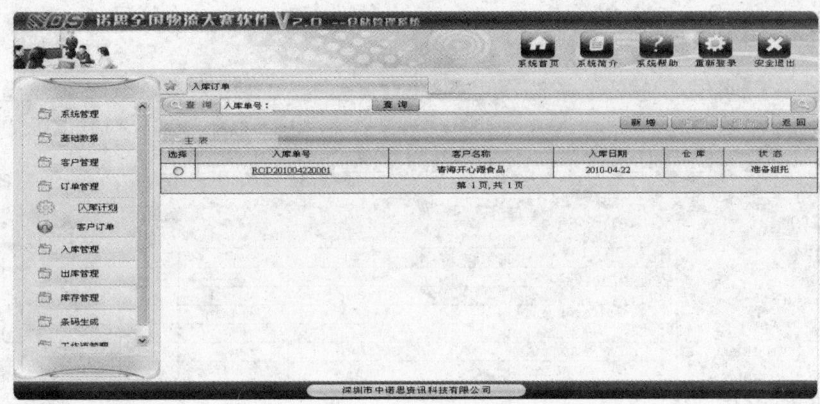

附图 1－17　入库订单列表页面

新增入库订单：点击【新增】按钮，进入到如附图 1－18 所示的新增页面。

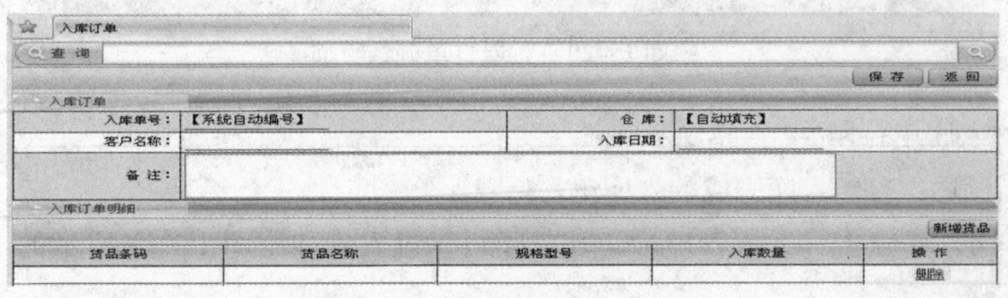

附图 1－18　入库订单新增页面

（2）入库作业

功能概述：入库作业就是根据入库订单做入库方面的准备，其功能是先根据接收到的入库订单，对入库订单进行操作。

操作方法：点击【入库管理/入库作业】，进入到如附图 1 – 19 所示的入库订单列表页面。

附图 1 – 19　入库订单列表页面

选择一个入库订单，点击【确认】按钮，入库订单状态由准备组托变为组托已审核，如附图 1 – 20 所示：

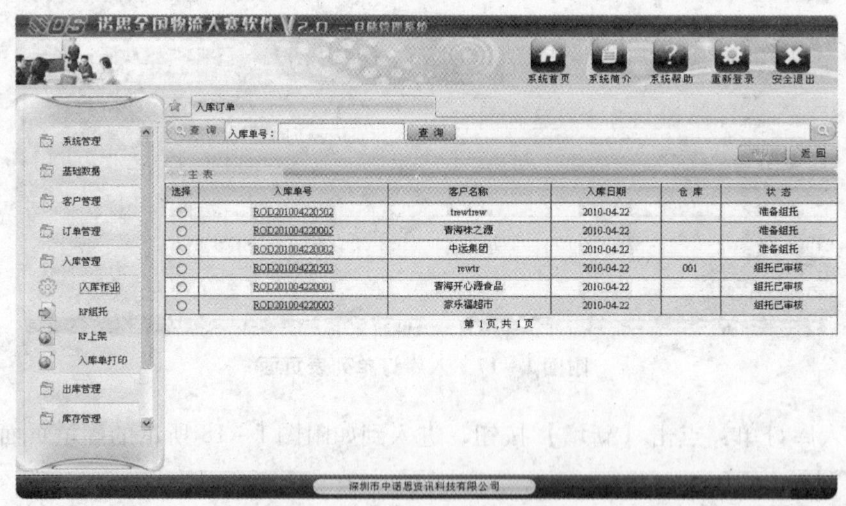

附图 1 – 20　入库订单确认页面

（3）入库单打印

功能概述：打印入库完成的入库单。

操作方法：点击【入库管理/入库单打印】，进入到如附图 1 – 21 所示的入库单打印列表页面。

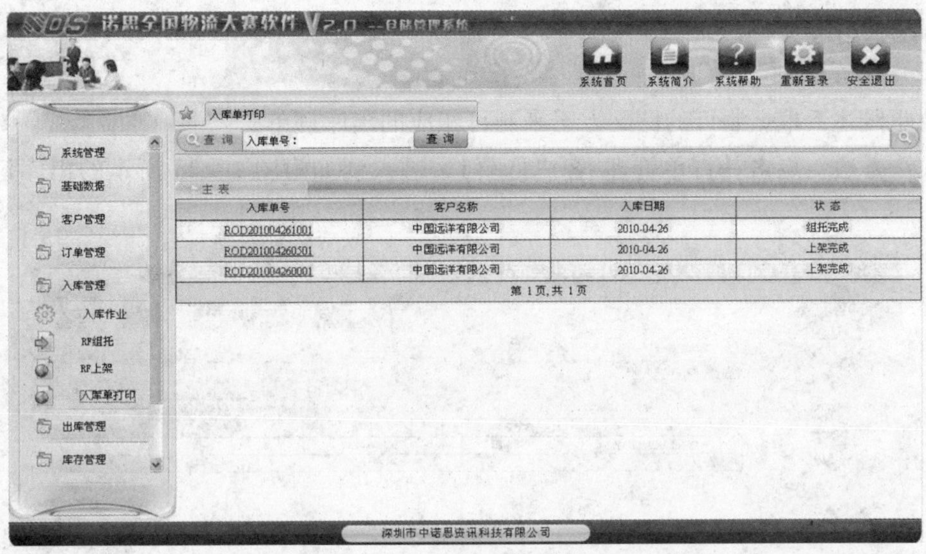

附图 **1－21**　入库单打印列表页面

打印入库单：点击入库单号，进入到如附图 1－22 所示的打印预览页面。

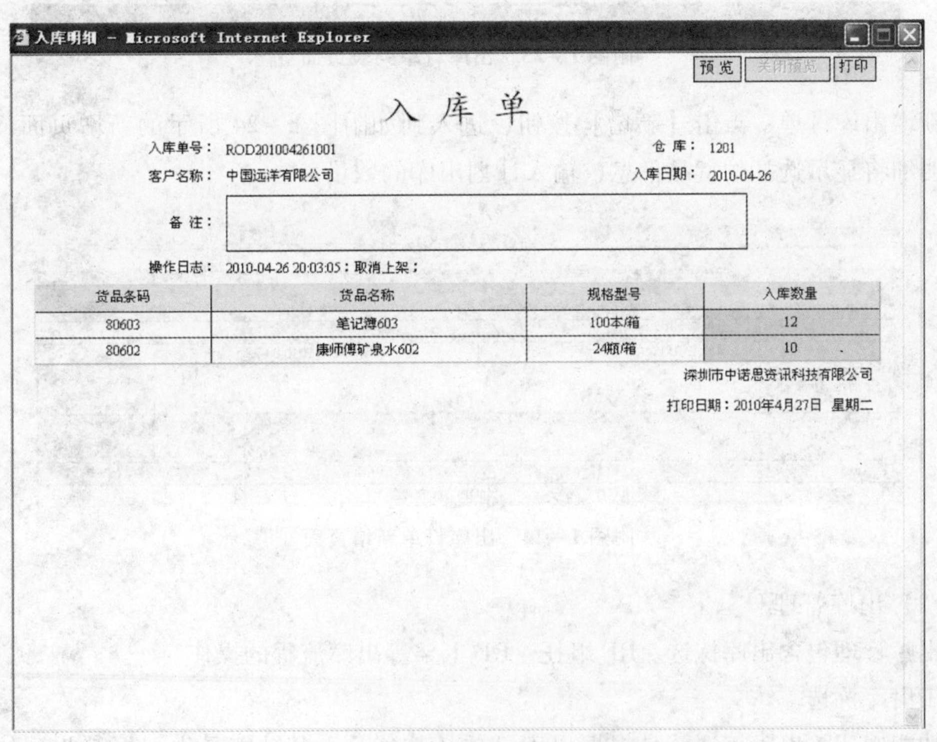

入 库 单

入库单号：ROD201004261001　　仓 库：1201

客户名称：中国远洋有限公司　　入库日期：2010-04-26

备 注：

操作日志：2010-04-26 20:03:05：取消上架；

货品条码	货品名称	规格型号	入库数量
80603	笔记簿603	100本/箱	12
80602	康师傅矿泉水602	24瓶/箱	10

深圳市中诺思资讯科技有限公司

打印日期：2010年4月27日　星期二

附图 **1－22**　入库单打印预览页面

点击【打印】按钮，完成打印。

4. 出库操作

（1）出库计划

功能概述：根据制订的储配方案来制订相应的出库订单。

操作方法：点击【订单管理/客户订单】，进入到如附图 1－23 所示的出库订单列表页面。

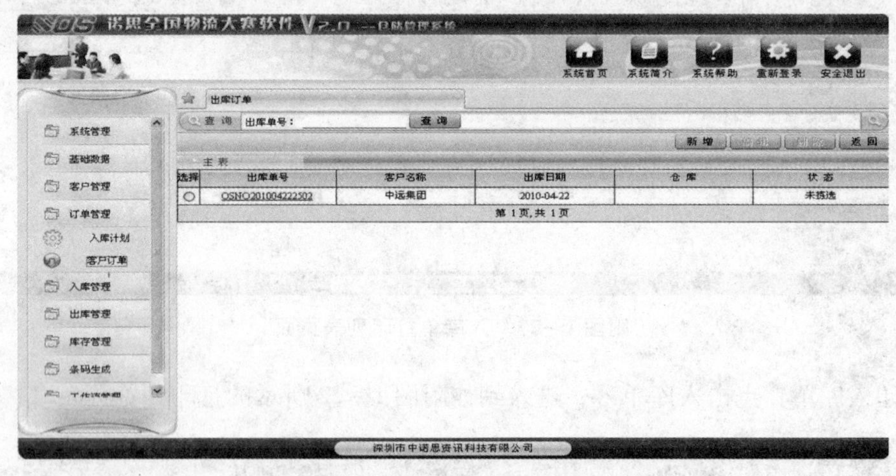

附图 1－23　出库订单列表页面

新增出库订单：点击【新增】按钮，进入到如附图 1－24 所示的新增页面，出库订单明细将显示选择的货品信息，输入计划出库的数量。

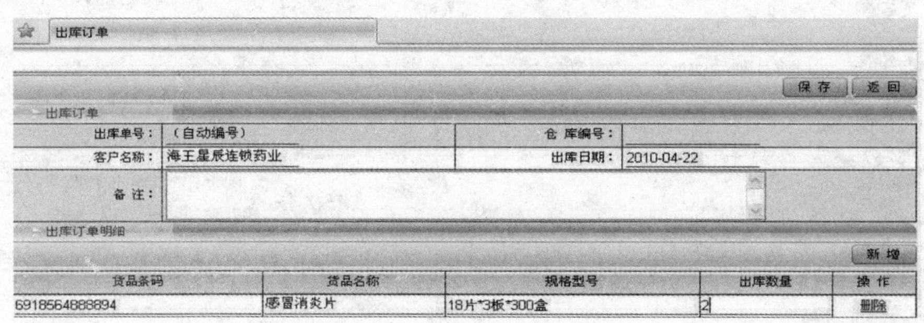

附图 1－24　出库订单新增页面

（2）出库管理

出库管理包含出库拣选、RF 组托、RF 上架等出库流程的操作。

①出库拣选

功能概述：出库拣选就是根据出库订单拣选货品，其功能是先根据接收到的出库订单，对出库订单进行拣选操作。

操作方法：点击【出库管理/出库作业】，进入到如附图 1－25 所示的出库订单列表页面。

附图 **1－25**　出库订单列表页面

选择一个出库订单：点击【拣选】按钮，进入到如附图 1－26 所示的出库拣选页面。

出库拣选

返回

出库订单

出库单号：	OSNO201004223501	仓库编号：	

出库订单明细

货品条码	货品名称	规格型号	出库数量	已拣数量	操作
6918564888894	感冒消炎片	18片*3板*300盒	2		拣选

出库拣选明细

仓位条码	货品条码	货品名称	规格型号	拣选数量

附图 **1－26**　出库拣选页面

②出库单打印

功能概述：打印出库完成的出库单。

操作方法：点击【出库管理/出库单打印】，进入到如附图 1－27 所示的出库单打印列表页面。

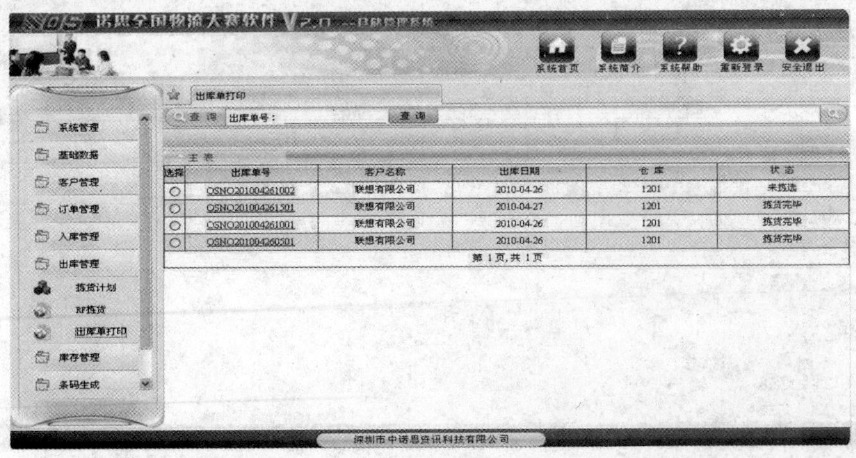

附图 **1－27**　出库单打印列表页面

打印出库单：点击出库单号，进入到如附图 1 – 28 所示的打印预览页面。

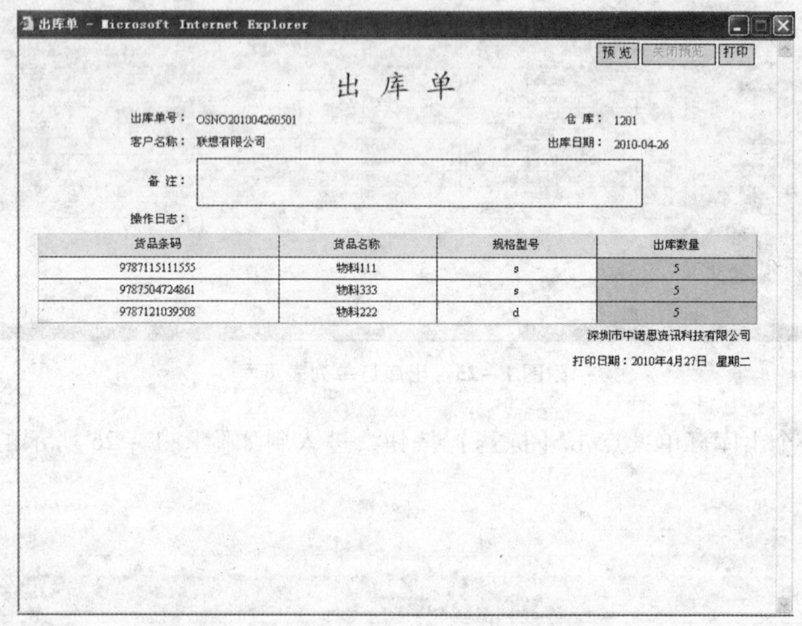

出 库 单

出库单号：OSNO201004260501　　仓 库：1201

客户名称：联想有限公司　　出库日期：2010-04-26

备 注：

操作日志：

货品条码	货品名称	规格型号	出库数量
9787115111555	物料111	s	5
9787504724861	物料333	s	5
9787121039508	物料222	d	5

深圳市中诺思资讯科技有限公司

打印日期：2010年4月27日 星期二

附图 1 – 28　出库单打印预览页面

③库存管理

功能概述：对库存进行查询，库存报告打印等操作。

操作方法：点击【库存管理/库存查询】，进入到如附图 1 – 29 所示的库存信息页面。

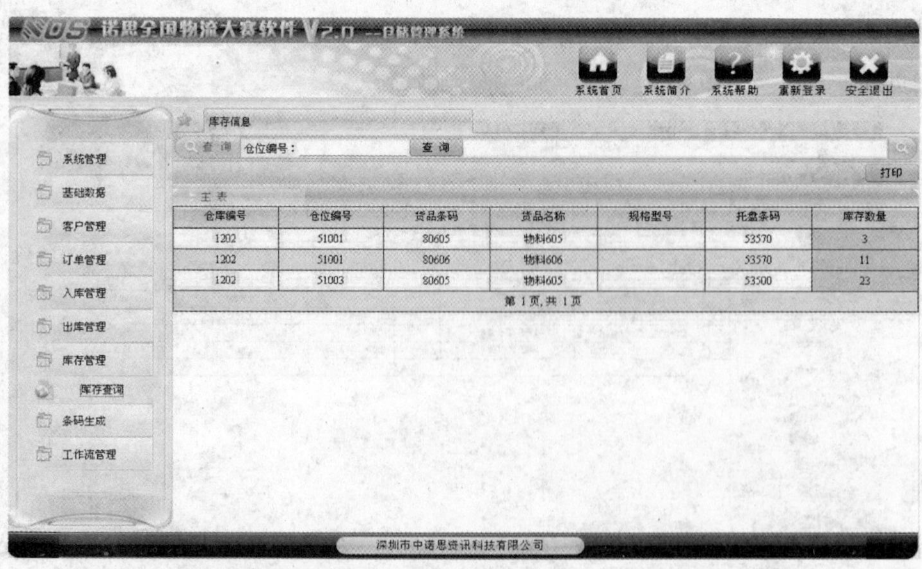

仓库编号	仓位编号	货品条码	货品名称	规格型号	托盘条码	库存数量
1202	51001	80605	物料605		53570	3
1202	51001	80606	物料606		53570	11
1202	51003	80605	物料605		53500	23

附图 1 – 29　库存信息页面

打印库存：点击【打印】按钮，进入到如附图 1－30 所示的库存报表页面。

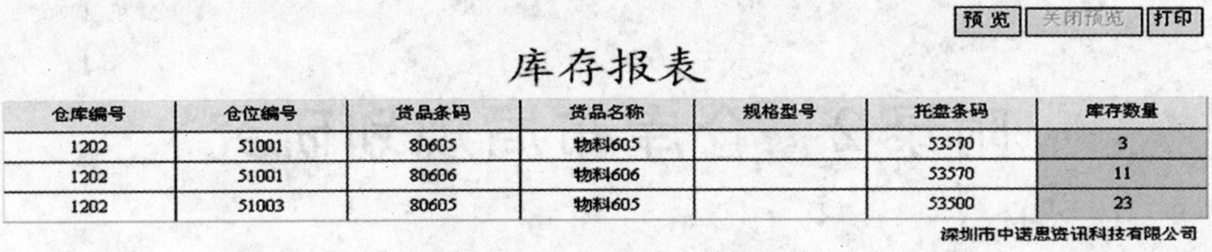

预览　关闭预览　打印

库存报表

仓库编号	仓位编号	货品条码	货品名称	规格型号	托盘条码	库存数量
1202	51001	80605	物料605		53570	3
1202	51001	80606	物料606		53570	11
1202	51003	80605	物料605		53500	23

深圳市中诺思资讯科技有限公司

附图 **1－30**　库存报表页面

附录2 仓库布局规划研究

一、传统仓库布局方法及存在问题

（一）传统仓库布局方法理论

仓库是对货物进行储存、保管的重要场所，是物流中心和配送中心的核心仓储要素，也是构成整条供应链和物流网络的重要节点，在现代城市和企业物流体系中发挥了非常重要的作用。如果由于仓库布局的不合理而影响了仓储物流的效率，不仅会增加仓库的物流成本，而且会产生整个供应链和物流网络的瓶颈，增加社会物流成本，同时减弱仓储企业的竞争力。所以，建设仓库之前，必须对其布局进行合理规划。

仓库布局规划就是仓库在供应链中的位置和物流网络中的地位确定后，根据仓库建成后的主要货物货种和货物的存货量以及预测的各种货物的周转率等条件，通过对基础资料的分析，确定仓库的类型和仓库的面积、仓库内所需的作业区以及各作业区的面积和作业区在仓库内的布置，在此基础上再确定仓库运作所需的人员和设备。仓库布局规划主要包含基本规划、详细规划和运作规划三个层次的规划，基本规划是对仓库的初步设计，确定仓库的总体规模和总体布局；详细规划是对仓库布局的进一步细化，确定各个作业区的具体布局、仓库内动线布置以及仓库的内部布置；运作规划主要确定仓库在具体的物流运作中针对仓库的布局所要采取的拣货、仓储等策略。

仓库布局规划的最终目标就是有效的利用空间、设备、人员和能源，最大程度的减少物料搬运，缩短拣货作业流程，力求投资最低，进货、出货、拣货和储存四大主要部分协调配合，仓库各种功能柔性化，为人员和设备提供合理的工作空间。要实现以上的目标就要综合运用运筹学、系统工程、工业工程以及数学理论等多种方法，做到宏观与微观相结合，定性分析、定量分析和个人经验相结合，同时将物流的观点作为仓库布局的出发点，并贯穿在区域布置的始终。

(二)传统仓库布局的一般步骤

通常仓库的布局规划主要包括以下的步骤(如附图 2－1 所示):

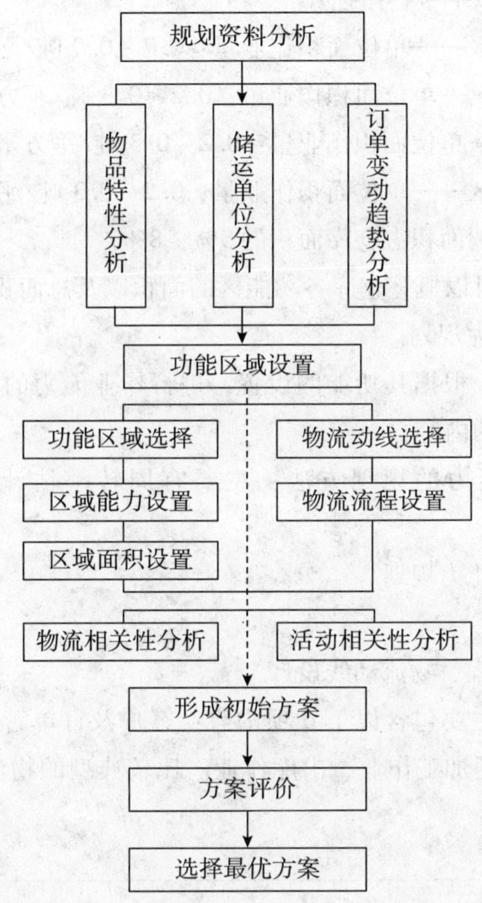

附图 2－1 仓库布局规划的一般步骤(设施设备选用)

(三)传统仓库布局的主要内容

1. 仓库作业功能区域规划

仓库作业功能区域规划主要确定仓库建成以后所需要具备的物流功能区域,是仓库布局规划的基础。一般来说,仓库通常包含以下的功能区域:装卸货平台、进货暂存区、理货区、库存区、拣货区、补货区、分类区、集货区、流通加工区、出货暂存区、退货处理区、辅助作业区等。功能区域规划就是根据货物的种类、货物作业需求以及仓库的特殊要求,确定仓库建成后需要包含的物流功能以及相应的功能区域。

2. 仓库作业功能区域面积规划

功能区域面积规划主要研究在确定仓库所需的功能区域后，计算各个功能区所需的面积。对新建的仓库来说，通常需要概算建成后的物流量，通过物流量来预测所需的功能区面积。通常有以下一些指标：

（1）储存保管作业区——单位面积作业量：0.7～0.9 吨/平方米。

（2）收验货作业区——单位面积作业量：0.2～0.3 吨/平方米。

（3）拣选作业区——单位面积作业量：0.2～0.3 吨/平方米。

（4）配送集货作业区——单位面积作业量：0.2～0.3 吨/平方米。

（5）辅助生产区域的面积占仓库面积的5%～8%。

通过以上的指标就可以概算仓库各功能区的面积以及总面积。

3. 仓库作业区域能力规划

在确定作业区之后，根据其功能的设置，进行作业能力的规划。作业区能力的规划主要包含以下三方面的内容：

（1）仓储区储运能力的规划方法：主要有周转率估计法和商品送货频率估计法。

（2）拣货区的储运能力规划。

（3）能力平衡分析。

4. 仓库物流作业流程、物流动线设计

仓库内的作业流程主要包含以下 6 项内容：客户及订单管理、入库作业、理货作业、装卸搬运作业、流通加工作业、出库作业。比较典型的物流作业流程如附图 2－2 所示：

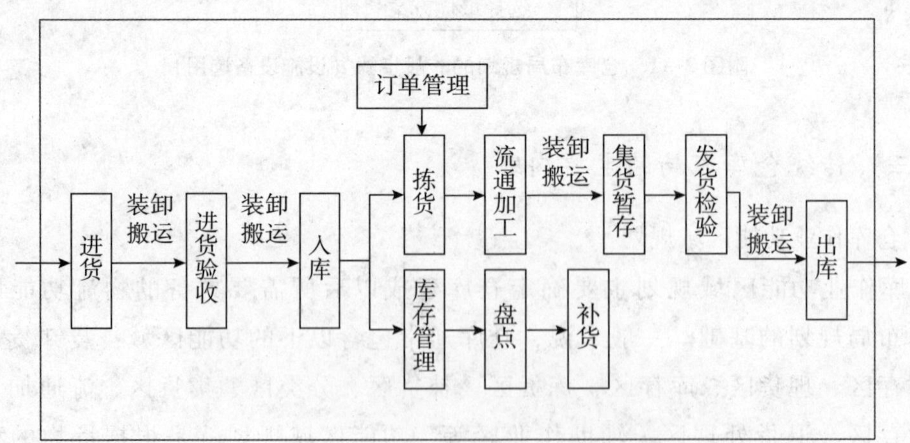

附图 2－2　典型物流作业流程

物流动线的选择与物流作业流程密切相关，它决定了物流作业在仓库内的连接方式和各种作业之间的位置关系，通常包括以下6种物流动线形式：

（1）直线形：出/入口在仓库的相对面，无论订单大小与拣货品项多少，均要通过仓库全程。适合于作业流程简单、规模较小的物流作业。

（2）双直线形：出/入口在仓库的相对面，但具有两条通路。适合于作业流程相似，但有两种不同的进出货形态的物流形式。

（3）锯齿形：出/入口在仓库的不同侧面，路线呈锯齿状，通常适应于多排并列的库存货架区内。

（4）U形：出/入口在仓库的同侧，可根据进出货频率大小，将物流量大的物品安排在靠近进出口端的储区，缩短这些物品的拣货搬运路线。

（5）分流式：适应于批量拣货的分流作业。

（6）集中式：适应于因储区与物品特性而把订单分解在不同区域拣货，然后再进行集货的作业。

5. 作业区域布置设计

仓库作业区域布置设计是仓库布局规划的核心环节，它决定所需的存储区、拣货区、进货区等各个物流功能区域在仓库中的位置、各区域的物流关系，并确定合理的物流流程。

目前，对仓库作业区域进行布置设计主要有三种方法：

（1）动线布置法：动线布置法是以仓库内的物流动线形式作为布置的主要依据。主要包括两种方式，一种是流程式，首先确定物流配送中心内由进货到出货的主要物流动线形式，并完成物流相关性分析，在此基础上，按作业流程顺序和关联程度配置各作业区域位置，即由进货作业开始进行布置，再按物流活动前后顺序按序安排各物流作业区域的相关位置；另一种是关联式，以整个仓库的作业配置为主，根据活动关联分析得出各作业区域间的活动流量，各区域间的流量以线条表示。为避免流量大的区域间活动经过的距离太长，应将两区域尽量接近。

（2）活动相关性布置法：是根据各区域的活动关联图进行区域布置的方法。首先汇总各个作业区的基本资料，如作业流程与面积需求等，然后制作各个作业区的作业关联图，根据关联图的基本资料，选择与各部门活动相关性最高的部门区域先行置入规划范围内，再按作业关联图中的关联关系和作业区域的重要程度，以此置入布置范围内。

（3）图形构建法：此方法与活动相关性布置法相似，所不同的是活动相关性布置是以作业区间接近程度（定性测量）作为挑选作业区的方法，而图形构建法则是以不同作业间的权数总和（定量测量）作为挑选作业区的法则。

6. 仓库物流通道和装卸平台设计

通道设计主要是通道设置和宽度的设计，通道的正确布置和宽度设计将直接影响物流效率，影响各物流作业区活动高效性、有序性和安全性。通道设计的主要考虑因素包括：通道形式、搬运设备的型号、尺寸、能力和旋转半径、储存货物尺寸、储存批量尺寸、储存区到进出口及装卸区的距离等。

装卸平台是物料在设施流通程序的起点和终点，它将物料在室内的流通与对外运输结合在一起，所以它必须与整个设施系统的效率相匹配，才能保持整个物流系统的高效性，装卸平台的设计主要包括以下个方面的内容：

（1）装卸平台位置选择；

（2）装卸平台数量选择；

（3）装卸平台类型选择；

（4）装卸平台高度确定。

7. 仓库物流设施设备设计

物流设施设备的设计主要以功能需求、选用型号和所需数量等内容为主，主要包含以下设施设备的选用：

（1）容器设施的选用；

（2）储存设备的选用；

（3）物料搬运设备的选用；

（4）订单拣取设备的选用；

（5）流通加工设备的选用；

（6）物流配合设备的选用。

8. 方案评价

方案评价是对多种仓库布局方案进行比较的评价方法，以定性的评价为主。目前，主要的评价方法包括：

（1）优缺点列举法；

（2）因素分析法；

（3）点评价法；

（4）权值分析法；

（5）层次分析法；

（6）经济效益比较法。

（四）传统仓库布局方法存在问题

从以上对传统仓库布局方法的描述可以看出，传统的布局方法在对仓库进行布局时存在以下的问题：

1. 传统布局方法没有形成对不合理布局的预知能力

传统布局规划设计方法从初始资料的分析到最终方案的确定的每一个步骤都是以特定的理论为依据的，最终布局的合理与否也就取决于每一种理论对相应的问题描述的准确性，所以其中任何一个环节产生的误差都有可能被放大并且导致整个布局方案的不合理。也就是说，传统的仓库布局方法没有充分考虑仓库建成后可能产生的不合理的布局，没有形成对不合理布局的预知能力。同时，考虑到仓库的基础设施的建设成本较高，而且一经建成就不能轻易修改，传统的布局方法就会存在较大的资金浪费风险。

2. 传统布局方法是一种静态的布局方法

仓库的能力不能满足峰值日的发货要求，由于拣货作业花费很多时间，不能满足发货要求，是仓库布局失败的两个主要表现，产生失败的主要原因是布局方法的静态化。传统的布局方法虽然已经考虑了仓库内的物流作业流程，但在对仓库进行布局时，没有考虑各个作业流程的特殊要求以及各个作业区内部作业方式会对整个仓库布局产生的影响。也就是说，传统的布局方式是就布局而布局，是一种静态的布局方法，由此导致的后果是：当仓库正式建成运作后，仓库的运作和仓库内作业区以及通道等设施的布局会产生较多的冲突，影响整个仓储物流系统的效率，并可能造成仓库布局的失败。

3. 传统布局方法以定性方法为主

作为仓库布局的核心环节，仓库作业区域布置的三种方法都是建立在对各个物流作业区的相关性分析的基础上的，然而相关性分析是一种以定性分析为主的方法，这就决定了仓库的布局存在着较大的主观因素；另外，仓库布局方案的评价方法目前也是以定性分析为主，同样也不可避免地存在评价是否客观的问题。

综合而言，传统的仓库布局方法是一种比较合理的方法，但由于以上问题的存在，传统布局方法产生的布局方案还存在着资金浪费、运作效率低、运作成本高、仓库物流冲突点多等缺陷，这就严重影响了仓库布局方法的应用，所以，迫切需要对传统布局方法进行针对性的改进，这就产生了虚拟化仓库布局方法。

二、基于仿真技术的虚拟化仓库布局方法

（一）虚拟化仓库布局方法特点

针对传统的仓库布局方法存在的问题，本文提出了基于仿真的虚拟化布局方法。

所谓虚拟化的布局方法，就是通过系统仿真，反复模拟特定仓库布局方案下的仓库运作状况，通过对仿真动画的直接观察和仿真结果的定量和定性分析，提出该布局方案的改进措施，并对方案进行不断的修正，最终获得较优布局方案的仓库布局方法。虚拟化仓库布局方法的显著特点主要包括：

1. 将系统仿真技术应用于仓库布局

虚拟化布局方法最突出的特点是：将数学规划法、统筹法和系统优化法等系统分析的方法与仿真技术相结合，形成对仓库进行形象化描述的系统仿真方法。将系统仿真技术应用于仓库布局具有以下的优点：

（1）具有可视性的特点，通过对模型的动画描述，更加直接地了解仓库的运作情况。

（2）有利于解决随即因素的影响。

（3）对仓库的运作进行足够长时间的模拟，有利于系统优化。

（4）具有柔性化的特点，系统参数改变简单，利于方案的比较。

2. 以定量为主，定性和定量相结合评价指标体系

与传统的布局方法相比，虚拟化布局方法的另一个突出的特点是：对布局方案的评价中定量化方法的使用比重大大提高。如上文所说，传统的布局方案评价方法，如优缺点比较法、因素分析法等都是以定性分析为主的方法，通常根据设计者的经验对布局方案的优劣进行判断；虚拟化布局方法建立了一系列对仓库布局进行评价的指标，对每一个指标都设法通过数学模型进行描述，通过仿真的数量化的结果综合考虑方案的优劣。在以定量分析的同时，在虚拟化的布局方案的评价中，将定性的评价融入定量的评价中，使布局结果更接近实际情况。

3. 对方案进行反复修正，逐步逼近最优方案

虚拟化布局方法的第三个特点是：虚拟化布局方法对仓库布局的设计不是一步就到位的，通常是对初始方案进行若干次修正，反复迭代后才得到一个较优的方案。对方案进行评价的目的就是寻找在该方案中的瓶颈环节，同时提出对这些瓶颈环节进行改进的措施，将这些措施带回原方案中，就会得到一个新的方案，利用仿真方法对新方案再进行评价，会发现新的瓶颈环节。也就是说，每一次的方案评价就是对原有方案进行改善的过程，这样在若干次的评价与修正后，所得的方案会越来越接近于最优的布局方案。

4. 更加接近仓库实际的运作，降低了投资风险

虚拟化的布局方法将系统规划变成了仿真模型，通过运行模型，评价规划方案的优劣并修改方案。这样可以在系统建成之前，对不合理的设计和投资进行修正，避免

了资金、人力和时间的浪费。也就是说，虚拟化的布局是“将明天的仓库放到了今天”，通过改变参数对未来仓库的运作进行准确描述，有效地提高了仓库布局方案的可靠性，降低了投资的风险。

5. 提供了将仓库中各个考虑因素有效结合的方法

传统的仓库布局方法无法将仓库布局和仓库运作的各个因素放在一起统一考虑，而基于仿真的虚拟化布局方法，既可以将仓库的运作包含在仓库布局中考虑，在仓库运作的各个环节中又可以将仓储、拣货、搬运以及加工等环节作为一个整体来进行研究，既可以对各个子系统建立独立的模型来研究其他系统对该系统的影响，又可以将各个子系统整合为一个整体，从整个仓储物流系统的角度来选择仓库运作的合理策略选择。

（二）虚拟化仓库布局步骤

1. 根据传统的布局方法确定初始的布局方案

虚拟化布局方案的初始方案的确定与传统布局方法确定初始布局方案的方法基本上是一致的，即通过收集、分析与仓库建设相关的资料，确定仓库需要具备的物流功能、物流功能区域的作业能力和面积、仓库的物流流程，通过相关性的分析，确定各个功能区在仓库内的位置，并合理配置仓库的通道、装卸平台和工作人员及设备。

这一步的主要目的是为后面的仿真提供一个初始的布局方案，是仿真运行和评价的基础，所以初始方案也要尽量做到合理，减少方案评价的工作量。初始方案确定后，将明确以下的基础资料和设计结果：

（1）储存的主要商品类型、货物数量、货物特性和储存形式及其变化趋势；

（2）订单的品项和数量及其变化趋势；

（3）仓库内具备的功能分区；

（4）各个功能区的作业能力及功能区面积；

（5）各个功能区在仓库内的布局，包括物流通道的布置和装卸平台的设计；

（6）仓库内一般的作业流程；

（7）仓库内配备的设备和人员。

2. 确立合理的算法和假设条件

初步的仓库布局方案的确定勾勒出仓库的总体框架，接下来的任务就是将初步的布局方案在仿真模型中准确地表达出来，并对方案进行评价。但由于新建仓库通常存在若干的不确定因素，所以需要借助一系列合理的算法和假设来对这些不确定因素进行模拟，同时尽量简化问题。因此，算法和假设条件的合理与否是仿真模型准确与否的关键因素之一，在建立算法和假设的过程中通常需要借鉴其他类似仓库的经验数据，同时要借助于概率论等数学体系。

3. 确立对方案进行评价的指标体系

对仓库布局方案的评价主要是通过建立指标体系来实现的，评价指标主要包括总体的布置评价指标、主要作业区能力评价指标、运行评价指标和费用评价指标。每一类指标中都包含定量和定性两方面的指标。其中，总体布置评价指标主要评价各个作业区布置的合理性、通道的布置合理性等方面；作业区能力评价指标主要评价各个作业区的面积是否合适、作业区的作业能力以及作业效率；运行评价指标主要评价整个仓储物流的运行效率、人员和机械运行流畅性等方面；费用评价指标主要评价在特定仓库布局条件下的仓库初期建设成本和运营成本。

4. 对布局方案进行仿真

以初步设计的方案为基础，根据仓库布局及算法假设，同时本着尽可能多地体现和包含评价指标的原则，利用仿真软件对布局方案进行仿真。对于一般的仿真来说，仿真的时间是可以任意长的，而且只有经过长时间的仿真，才能排除随机因素的影响，得到比较客观的结果，所以在对仓库的布局方案进行仿真时，仿真的时间通常选择一个月、一个季度甚至一年。

5. 根据仿真结果，分析方案的优劣

在虚拟化仓库布局方法中，对布局方案的评价通常采用两种方法：一是直接观察的方法；二是定量与定性相结合的指标评价方法。

（1）仿真过程的直接观察法。利用仿真模型的直观性的特点，在对仓库的布局进行仿真的过程中，直接观察仓库内物流系统的运行效率、运行的顺畅性，找出比较明显的瓶颈环节。

（2）指标评价方法。通过研究仿真结束后的评价指标，找出仓库布局的不合理环节，找出相对过大和过小的指标，如找出作业能力不足以及过剩太多的作业区，成本过大的环节，影响物流效率最大的因素，人员和设备的配备数量是否合适等。

6. 对系统的瓶颈进行分析，提出改进方案

通过对仿真模型的直接观察和对指标的评价，可以分析出影响仓库内物流效率的环节、物流设备和人员配备的满足率、各作业区之间衔接的顺畅性、作业区作业能力的满足率以及增加仓库运营成本的因素等，对产生瓶颈环节的因素进行分析，并有针对性的提出改进方案。通常考虑的改进方案包括：

（1）调整作业区间的位置关系；

（2）调整作业区内部的布局方式；

（3）调整作业区的形状；

（4）改变作业区的面积分布；

（5）调整作业区间的通道尺寸及通道布置；

（6）调整出入库站台的数量；

（7）调整人员和设备的配备数量。

7. 将改进方案带入仿真模型中，进行反复修正，获得较优方案

对方案改进后，将仓库中作业区布局的调整以及各参数的改变重新体现在仿真模型中，建立新的布局方案的仿真模型，并进行仿真，得到新的仿真结果，然后重复第5步，对新的方案进行评价，如此反复修正，最终得到符合要求的较优的布局方案。

虚拟化布局方法步骤如附图2－3所示，值得注意的是，虚拟化布局方法虽然在布局手段和评价方法中都有很大的改进，但这并不意味着所得的方案是最优方案，或者可以说，仓库布局没有最优方案，只能根据仓库布局的实际要求选择较为合理的方案。

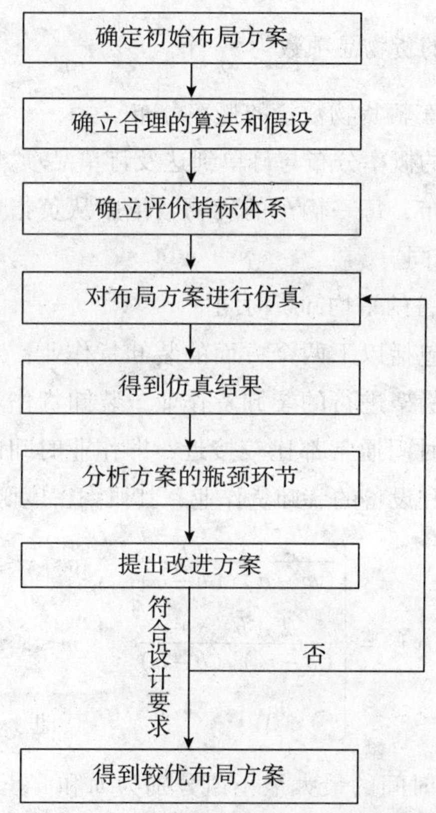

附图2－3 虚拟化布局方法步骤

（三）虚拟化仓库布局中的关键问题

1. 仓库布局的算法确立

（1）订单到达及订单品项数量的概率分布

在仓库的初步设计阶段，订单的品项和数量及其变化趋势是进行仓库布局设计的重要基础数据，已经有了定量的描述。为了如实地在仿真模型中反映订单的品项和数量，必须使用合理的算法来模拟订单的到达以及每笔订单的货物数量。概率论的模型是描述订单特性的重要工具，通常，订单的到达服从泊松分布，即在一天内的某一时段，到达 k（$k=0, 1, 2, \cdots$）个订单的概率为：

$$P(k)=\frac{\lambda^{k}e^{-\lambda}}{k!}$$

在该时间段内订单到达的平均值为 λ 。

每一订单中包含的货物品项服从负二项分布，即在某一个订单中包含 k（$k=r, r+1, r+2, \cdots$）项货物的概率为：

$$P(k)=\binom{k-1}{r-1}p^{r}(1-p)^{k-r} \qquad 0<p<1$$

平均每一个订单包含的货物品项数为 $\frac{r}{p}$ 个。

（2）车辆到达及每一车辆货物数量的概率分布

货物到达及到达数量的概率分布与订单到达及订单品项数量的概率分布基本一致，即车辆的到达服从泊松分布，每一辆车的货物数量服从负指数分布，但分布函数中的变量值 λ、r 和 p 的值不相同。

（3）装卸货人员和设备的平均卸货时间

在仓库作业中，通常包括以下两个方面的装卸货作业：对进货和发货车辆进行的装卸货作业和对仓储区的货架进行的装卸货作业。装卸货作业的时间与其他仓储作业时间相比较小，而且作业时间通常都比较接近，即作业时间的波动较小，所以在仿真中用三角分布来模拟人员和设备的装卸货作业，其概率密度函数为：

$$f(x)=\begin{cases}\frac{2(x-a)}{(m-a)(b-a)} & a\leqslant x\leqslant m\\ \frac{2(b-x)}{(b-m)(b-a)} & m\leqslant x\leqslant b\\ 0 & \text{其他}\end{cases}$$

在三角分布中，装卸时间的最大最小值分别为 b 和 a，最有可能值为 m，平均值为$\frac{a+b+m}{3}$。

（4）作业区之间货物搬运的时间

在仓库作业中，货物的搬运占用了大多数的作业时间，它贯穿了从进货、存储、拣货、加工以及出货的整个作业流程。目前，仓储的搬运活动大多以人控的搬运车辆为主，辅以人力搬运，一般来说，搬运车辆的速度都是比较稳定或者接近于恒定的速度 v，而且加速和减速的时间都比较短，可以不考虑。这样，仓库内货物搬运的时间就只与搬运的距离有关，只要知道了各个作业区之间的距离，就可以估算出在作业区之间进行一次搬运的时间：

$$t = \frac{l}{v}$$

（5）拣货作业的时间

拣货作业的时间与上文提到的作业区之间货物搬运的时间不同，它是在仓储区和拣货区内部的作业时间，拣货作业时间可以分为拣取作业时间和分拣作业时间。

拣取作业时间是指根据订单要求，从储存场所选出货物，并放置在指定地点的作业时间。拣取作业时间的主要时间是根据订单在仓储区依次拣取货物的时间，主要包含两方面：在仓储区的移动时间和拣取货物的时间。这两方面在上文均已提到，拣取货物的时间即平均卸货时间，符合三角分布；在仓储区的移动时间主要与移动的距离和拣货人员和机械的移动速度有关，拣货人员和机械的移动速度通常是一个定值，所以拣货作业在仓储区的移动时间主要取决于对订单进行一次拣货所移动的距离。通常对订单进行拣货的过程看作一个占有率问题，即从仓储区的 m 个货架上按照订单拣取 n 件货物的概率服从多项式分布：

$$P\ \{X_1 = x_1,\ X_2 = x_2,\ \cdots,\ X_m = x_m \mid n\} = \binom{n}{x_1 x_2 \cdots x_m} p_1 p_2 \cdots p_m$$

式中：

$$x_i \geqslant 0,\ i = 1,\ 2,\ \cdots,\ m,\ \sum_{i=1}^{m} x_i = n$$

假设所拣货物存在于 j 个货架上，拣货经过的最后一个货架为第1个货架，$1 \leqslant j \leqslant l \leqslant m$ 这样通过初步布局中设定的货架的长度（d_l）和宽度（d_k）以及通道之间的距离（d_t）就可以得到拣取作业在仓储取作业时间的均值：

$$E\ [t \mid n] = E\ [\frac{d_l}{v} 2\ [\frac{j}{2}] + \frac{2d_t}{v} l \mid n]$$

分拣作业时间是指对拣选出的货物按照用户或配送路线要求进行分类集中所需的时间。这一作业时间与拣货的方式有关，在采用按用户订单进行单一拣选时，由于每次针对同一用户的需求进行拣选，所以可以在货物拣出后直接将货物集中在该用户的货位上，这样分拣作业与拣货作业是同步进行并完成的。如果采用批量拣货方式，集中将货物拣取出来，接下来就要将这些货物按照不同用户的需求量进行分配，分别放置在各指定的货位上，这样分拣作业就是拣取作业的后续作业，对分拣作业时间要进行单独的研究。

当利用传送装置进行自动分拣时，分拣作业的时间主要取决于分拣系统的效率，即每小时能够分拣的货物的数量，这样，根据需要分拣的货物的数量就可以推算出分拣的时间。

当使用人力拣货时，也存在一个平均的分拣效率，同样可以根据分拣货物的数量估算出分拣作业的时间。假设分拣机械或人力的分拣效率为 p，则分拣 n 件货物的时间就是：

$$T=\frac{n}{p}$$

（6）需要加工的货物比例及加工的平均时间

在仓库中，不是每一件货物在出库前都需要进行加工的，在对仓库布局进行初步设计时根据货物的特性，只有部分货物需要进一步的加工。对需要加工货物的比例的确定没有一种精确的方法，只能根据预测的仓库中的货物种类和数量，结合类似的仓库内的需要加工的货物比例定性的加以确定。

仓库的货物加工基本上都是以货物的包装为主，对包装这样的加工时间主要取决于两个方面：一是货物的种类，决定了货物包装的难易程度；二是加工人员的熟练程度，决定了包装的快慢。因此，对于同一种货物，加工的时间只取决于加工人员的熟练程度，对于熟练工来讲，这一时间趋于稳定，所以货物的加工时间也可以用三角分布来表示。

（7）其他辅助作业时间

仓库内的其他辅助作业包括订单的接受和处理作业、货物的检验作业、存货的查询作业、设备的维修保养作业等，这些作业的时间通常是非常随机和不确定的，而且通常是和仓库内的其他作业同步进行的，所以不对这些作业时间进行深入的研究，在需要使用时，将这些作业时间以定值处理。

2. 评价指标体系的确立

1）总体的布置评价

（1）仓库空间利用率

仓储空间利用率指标 ρ 是指仓库内目前利用的空间（包括作业区空间和通道空间）占仓库总空间的比例。通常在仓库中比较合理的布局是尽可能多地使用仓库空间，但这并不意味着仓库空间达到100%的利用率是最好的，在仓库的布局中，还要考虑为今后的发展预留的作业区空间以及为了工作人员工作的舒适性和安全性而设置的额外空间，所以仓库的利用率通常在一定的范围内。

$$\rho = \frac{\text{仓库设计的作业空间}}{\text{仓库总空间}}$$

$$0 < a \leqslant \rho \leqslant b < 1$$

（2）仓库布置的清晰度

仓库布置的清晰度指标是指仓库各功能区的形状及布局合理性的指标，以尽量避免类似蜂窝状的空间浪费和由于作业区布置太近而产生的物流不畅，仓库布置的清晰度指标通常用下式表示：

$$\text{清晰度指标} = \frac{\sum \text{作业区的面积} \times \text{作业区的形状比例}^{\frac{1}{2}}}{\text{作业区的数量}}$$

其中：

作业区的形状比例 = 作业区的最短边长/最长边长

（3）通道布置合理性

仓库内通道主要包括两种类型，一种是各个作业区间物料移动的通道，另一种是分布在作业区内部的物流通道。通道设计的目的是使仓储机械和人员在仓库内自由、高效的移动，并且尽量避免冲突和盲角以及减少所占有的空间。所以在对通道布置进行评价时主要考虑以下内容：

①通道服务的作业区面积；

②到达作业区的简易性；

③到达同一作业区的可选路径；

④交叉点数量；

⑤作业区的形状。

考虑以上的内容，对通道系统进行评价的指标应包括：通道的服务面积、作业区的形状比例和通道系统交叉点的总数。

通道的服务面积 = 通道系统所服务的总的面积/通道总长度

作业区的形状比例 = 作业区的最短边长/最长边长

$$\text{通道的评价指标} = \frac{\text{仓库内作业区的平均形状比例}}{\text{交叉点的总数} \times \text{总的通道长度/仓库的周长}}$$

2）主要作业区能力评价

（1）仓储作业区

仓储作业区是仓库内保管货物的主要作业区，仓储区主要考虑最大限度地利用空间，最有效地利用劳动力和设备，最安全和经济地搬运货物以及最良好地保护和管理货物。因此，对仓储区进行评价将主要考虑仓储区面积率、仓储容量利用系数、单位面积储存量等指标。

仓储区面积率＝仓储区的面积/仓库的总面积

仓储容量利用系数＝年平均日存储量/最大仓储容量

单位面积储存量＝日均储存量/仓储区的面积

（2）拣货作业区

拣货作业区是仓库内的核心作业区，通常与仓储作业区紧密联系，从仓储区拣取货物并集中到拣货作业区进行分拣等一系列作业。拣货作业区要考虑拣货的搬运距离和拣货效率、拣货作业的有序性、拣货设备和人员的利用率。由此，对拣货作业区进行评价的指标通常包括订单的平均拣货时间、单一订单的最长和最短拣货时间、日平均拣货数、单位面积拣货量、平均一次拣货的拣货量、拣货作业区饱和度等。

订单的平均拣货时间＝拣取 n 张订单货物的总时间/订单数 n

日平均拣货量＝研究期 t 内拣取的货物总数/拣取时间 t

单位面积拣取效率＝日平均拣货量/拣货区面积

平均一次拣货的拣货量＝拣货总量/拣货次数

拣货作业区饱和度＝日平均拣货量/日拣货能力

（3）进出货作业区

仓库的进出货作业区是仓库对外联系的窗口，在进出货作业区要尽量减少作业的人员并保证装卸作业的正常进行，尽可能减少作业的空间，减少汽车的等待时间。所以，在进出货作业区要考虑平均每笔货物的收（发）时间、站台利用率、货运车辆平均排队长度和最大排队长度、收发暂存区利用率等指标。

平均每笔货物的收（发）时间＝收（发）货时间总和/收（发）货总笔数

站台利用率＝站台进行有汽车停靠的时间/站台开放总时间

收发暂存区利用率＝暂存区的平均存货量/存货能力

（4）加工作业区

加工作业区通常包装和简单的加工等作业，在加工作业区要尽可能减少作业的时间，避免产生仓储作业的瓶颈。因此，加工作业区主要考虑日平均加工货物数、日平均加工作业时间、加工作业区饱和度等指标。

日平均加工货物数＝研究时段内加工货物总数/研究时段

日平均加工作业时间＝日平均加工货物数×单件货物的平均加工时间

加工作业区饱和度＝日平均加工货物数/日平均加工能力

（5）各作业区作业时间的比重

作业区作业时间比重这一指标的引入是为了评价仓库内各主要作业的时间消耗，以此来寻找较少作业时间的途径，通常主要考虑拣货作业、进出货作业和加工作业等。

某作业的作业时间比重 = 该作业的日平均作业时间/仓库的日作业总时间

3）运行评价

（1）仓库日处理的物流量

这一指标是用来评价仓库的作业效率和作业能力的指标，也是评价仓库布局优劣和运行效率的重要指标。

仓库日处理物流量 = 研究期处理的物流总量/研究期的工作仓库的运作天数

（2）各作业区间的搬运时间和搬运密度

搬运时间和搬运密度指标是评价仓库中各作业区间物料流动的频率及流动效率的重要指标，同时也是评价物流通道系统的分布及容量的重要指标。主要指标有：货物搬运密度、搬运的平均时间和单位时间在作业区间的搬运车辆密度。

货物搬运密度 = 作业区间的距离 × 作业区间的货物流量

搬运的平均时间 = 作业区间的距离/搬运机械的平均速度

单位时间在作业区间的搬运车辆密度 = 单位时间的货流量/作业区间的搬运能力

（3）设备和人员数量及利用率

设备和人员数量及利用率指标是用来评估人员和机械设备系统配置的合理性，主要指标有：人员及各种作业设备的数量、机械设备利用系数、设备时间利用率、全员劳动生产率、分作业区设备和人员的利用率。

机械设备利用系数 = 机械设备的全年平均小时作业量/额定小时作业量

设备时间利用率 = 设备实际作业工时数/设备额定作业时数

全员劳动生产率 = 全年货物出入库总量/全员年工日总数

分作业区设备和人员的利用率 = 设备和人员平均日工作忙碌时间/平均日工作时间

4）费用评价

（1）初期建设费用

仓库的初期建设费用主要包括仓库的征地费用、基础设施的建设费用、设备的购置费用等，这一部分费用在仓库的初期建设阶段发生，并在运作过程中保持为定值。

（2）运营费用

对仓库布局合理性进行评价的总目标就是寻求上文所提到的仓库物流效率和其运营成本的平衡，所以运营成本是对仓库评价的重要指标。通常考虑的指标包括：

①主要的搬运和传送设备单位距离的费用和平均每天的运营费用；

②仓库工作人员平均每天的工资费用；

③主要设备每年的折旧费用；

④主要设备每年的保养和维修费用。

仓库布局的评价指标体系，如附表 2 - 1 所示：

附表 2－1　仓库布局的评价指标体系

<table>
<tr><td rowspan="22">仓库布局的评价指标体系</td><td rowspan="4">总体的布置评价指标</td><td>仓库空间利用率</td><td>空间利用率</td></tr>
<tr><td>仓库布置的清晰度</td><td>清晰度指标</td></tr>
<tr><td>通道布置合理性</td><td>通道的服务面积
作业区的形状比例
通道系统交叉点的总数
通道综合评价指标</td></tr>
<tr><td>仓储作业区</td><td>仓储区面积率
仓储容量利用系数量
仓储量超过仓储容量的时段
单位面积储存量</td></tr>
<tr><td rowspan="4">主要作业区能力评价指标</td><td>拣货作业区</td><td>订单的平均拣货时间
单一订单的最长和最短拣货时间
日平均拣货量
单位面积拣货量
平均一次拣货的拣货量
拣货作业区饱和度</td></tr>
<tr><td>进出货作业区</td><td>平均每笔货物的收（发）时间
站台利用率
货运车辆平均排队长度和最大排队长度
收发暂存区利用率</td></tr>
<tr><td>加工作业区</td><td>日平均加工货物数
日平均加工作业时间
加工作业区饱和度</td></tr>
<tr><td>各作业区作业时间的比重</td><td>某项作业的作业时间比重</td></tr>
<tr><td rowspan="3">运行评价指标</td><td>仓库日处理的物流量</td><td>仓库日处理物流量</td></tr>
<tr><td>各作业区间的搬运时间和搬运密度</td><td>货物搬运密度
搬运的平均时间
单位时间在作业区间的搬运车辆密度</td></tr>
<tr><td>设备和人员数量及利用率</td><td>人员及各种作业设备的数量
机械设备利用系数
设备时间利用率
全员劳动生产率
分作业区设备和人员的利用率</td></tr>
<tr><td rowspan="2">费用评价指标</td><td>初期建设费用</td><td>征地费用
基础设施的建设费用
设备的购置费用</td></tr>
<tr><td>营运费用</td><td>主要的搬运和传送设备单位距离的费用和平均每天的运营费用
仓库工作人员平均每天的工资费用
主要设备每年的折旧费用
主要设备每年的保养和维修费用</td></tr>
</table>

（四）虚拟化仓库布局实例仿真

虚拟化的仓库布局方法为物流企业提供了快速、有效的仓储布局的方法，特别是当传统的仓储企业需要新建或改建仓库，使用虚拟化布局方法可以为企业节约大量的建设资金，同时通过仿真验证了仓库布局的可行性。下面就以河南省主要提供家电物流服务的传统仓储企业为例，对仓库进行合理布局进行仿真研究。

1. 模型简介

假设该仓储企业要新建一家电仓库，该仓库主要具备以下功能：

（1）公司的产成品和零配件的储存保管；

（2）承担本区域的家电配送业务；

（3）部分产品的包装或加固包装。

仓库内储存的货物主要包括电冰箱、洗衣机、电视机、空调、微波炉以及它们的零配件等生产元件，预计仓库建成后几种电器的年周转量（吞吐量）分别为：30000 件、40000 件、50000 件、60000 件、30000 件。零部件共 15 种，年周转总量（吞吐量）为：90000 件。每种产品的年周转次数为 12 ~ 15 次，零配件的周转次数为 15 ~ 20 次，每种产品平均单件产品占有的仓储面积为：$1.5m^2$、$1.6m^2$、$1.8m^2$、$1.1m^2$、$0.2m^2$。电冰箱、洗衣机、电视机由于体积较大，通常以单品的方式进行存储；空调分产品类型，部分以单品堆放的形式，部分放置在货架上进行存储；微波炉以托盘的形式在货架上存储；零部件采用托盘或箱子在货架存储的方式。

部分产品的订单有明显的季节性变动，仿真模型主要选取旺季一月进行模拟，以主要对仓库的布局方案进行分析评价。

2. 仓库功能区及能力确定

由以上的资料可以得出仓库需要以下的功能区：进货区、进货暂存区、仓储区（包括平面堆放区和货架存储区）、加工区、发货暂存区、发货区以及辅助作业区。各功能区能力和面积如下论述。

（1）进（出）货作业和暂存区面积

根据各种货物年周转量估算货物平均每天的进（出）货量，假设仓库每天工作 12 小时，上午和下午各有 3 个小时的进（出）货时间，则暂存区平均每天的进货时间有 6 个小时，进出货次数为 5 ~ 10 次，由此可以得出仓库的进（出）货暂存区作业能力及面积：

进（出）货暂存区能力 = 峰值系数 × 平均每天的进（出）货量/进（出）货次数

进（出）货暂存区面积 = 进（出）货暂存区能力 × 单位产品占用的面积

由平均每天的进（出）货量和单位站台单位时间平均装卸的货物数量得出：

仓库的站台数 = 平均每天的进（出）货量/（6 × 单位站台的装卸效率）

其中峰值系数就是指进出库产品的季节性变化。

进（出）货作业和暂存区面积，如附表 2－2 所示：

附表 2－2　进（出）货作业和暂存区面积

	电冰箱	洗衣机	电视机	空调	微波炉	零配件	总量
平均每天的进（出）货量（件）	83	110	137	165	83	247	
峰值系数	1.4	1.1	1.1	1.6	1.1	1.05	
进（出）货暂存区能力（件）	15	20	25	38	18	37	
进（出）货暂存区面积（m^2）	12	14	20	23	4	3	76
单位站台装卸效率（件/小时）	30	40	40	45	50	150	
仓库的进（出）站台数	0.46	0.46	0.57	0.61	0.27	0.27	3

（2）仓储作业区能力和面积

仓储作业区分为两个区域：平面堆放区和货架存储区。根据各种货物的周转量和估计的周转次数，便可以估算出每种货物需要的堆放区和货架区的仓储容量：

某一货物所需仓容量（堆放区或货架区） = 峰值系数 × 该货物的年转运量/周转次数

仓储作业区能力和面积，如附表 2－3 所示：

附表 2－3　仓储作业区能力和面积

		电冰箱	洗衣机	电视机	空调	微波炉	零配件	总量
周转次数		25	20	18	20	15	25	
峰值系数		1.05	1	1	1.1	1	1	
堆放区	仓容量（件）	1008	1400	833	825			
	面积（m^2）	806	980	667	495			2948
货架区	仓容量（件）	252	600	1945	2475	2000	3600	
	面积（m^2）	40	84	311	297	80	43	856

（3）加工包装作业区能力和面积

由于此仓库的加工作业区只进行简单的包装作业，所以加工作业面积较小。

加工作业区能力和面积，如附表2－4所示：

附表2－4　　加工作区能力和面积

	电冰箱	洗衣机	电视机	空调	微波炉	零配件	总量
所需加工的比例	0.1	0.1	0.1	0.12	0.12	0.20	
加工作业区面积（m^2）	1.4	1.4	1.6	6.3	3.2	12.0	26

（4）辅助作业区能力和面积

辅助作业区域的面积是仓库面积的5%～8%，综合考虑各个功能区的影响因素，各个功能区的面积取值如附表2－5所示：

附表2－5　　各功能区面积取值

功能区域	进货暂存区	平面堆放区	货架存储区	加工包装区	发货暂存区	辅助作业区和通道
面积（m^2）	100	3000	1000	50	120	350

3. 作业流程

根据该仓库的货物特性和仓库的功能区设置，仓库的主要作业流程如附图2－4所示：

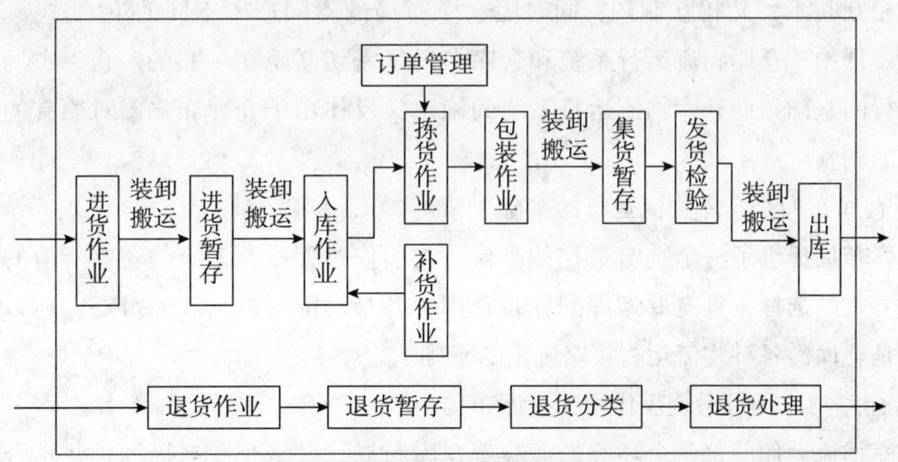

附图2－4　仓库的物流作业流程

4. 区域布置

通过以上基础资料的分析、功能区域以及作业流程的确定，初步选择出入口位于仓库同侧的U形动线，确定仓库的初步布局方案如附图2－5所示。

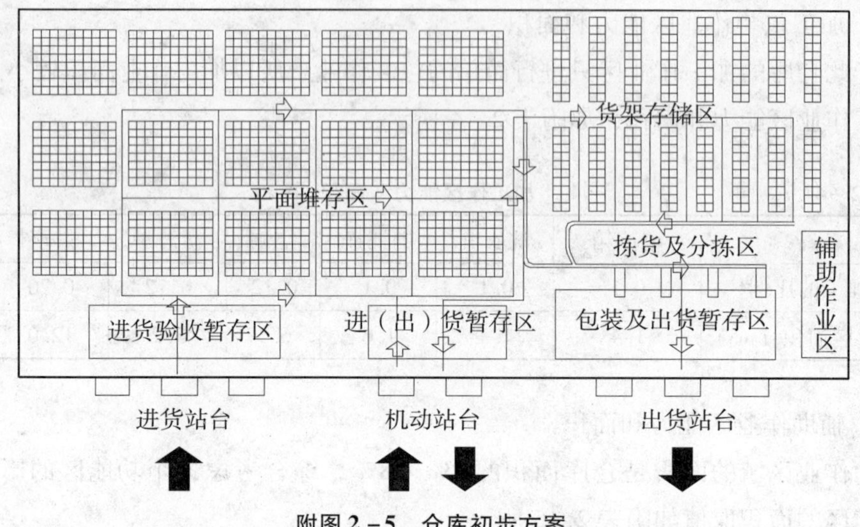

附图 2－5　仓库初步方案

三、仓库运行系统设计理论及其仿真研究

（一）仓库运行系统界定

所谓仓库物流的运行系统是指完成仓库布局后，仓库内与物流相关的进货、搬运、仓储、拣货、理货、补货、发货和订单处理等一系列作业环节的具体操作和运作的过程。

仓库的物流运行系统的每一个环节都包含了许多子环节，而且在运作过程中各个环节既相互联系，又相互制约，同时因仓库布局的不同产生不同的策略选择。所以，在仓库设计中，仓库物流运行系统和仓库布局是密切联系在一起的。仓库布局是仓库物流运行的基础，而仓库物流运行系统的确定又反作用于仓库布局，对原有的布局进行适度的调整。

1. 仓库布局是仓库物流运行的基础

仓库布局提供了一个物流运作的平台，在运作过程中，无论是仓储货位的分配还是拣货方式的选择，首先要考虑的就是仓库中各个功能区的面积及分布。所以说，仓库布局是仓库内各种物流运行策略确定的基础。

2. 仓库物流运行系统反作用于仓库布局

仓库物流运作的每一个环节都考验着仓库布局，由于仓库布局的一些不合理方面会在仓库物流运作系统中显露出来，只有符合仓库物流实际运作的仓库布局才是真正合理的布局，通过物流的运作，可以反作用于仓库布局，对仓库布局进行适当的调整。

经相关资料统计，物流成本约占商品最终售价的30%，其中包括配送、搬运和储存等成本。在仓库的作业中，拣货作业占用了仓库中50%以上的劳动力和整个物流作业35%～40%的时间，拣货成本占整个仓库运作成本的60%以上，高于仓库内其他堆叠、装卸和运输等成本的总和，是仓库运作系统的核心环节。在仓库布局基本确定的条件下，拣货作业本身不仅涉及拣货方式和路径的选择，还与仓储货位布置、设备和人员的配备等其他因素有着密切的联系，拣货作业几乎覆盖了整个仓库运作系统，所以仓库物流运行系统的研究将以拣货系统为核心，主要研究拣货作业的策略选择以及与拣货相关的各项因素。

通过对仓库拣货系统的研究，将主要实现以下的目标：

（1）在现存的仓库布局条件下考察拣货系统的运作，从而修正不合理的仓库布局因素；

（2）设计高效率、低成本的拣货系统，分析比较拣货作业相关环节采取措施的优劣；

（3）在仓库物流的实际操作中，利用仿真方法来确定并指导拣货系统各个环节的运作。

为了实现拣货系统高效率和低成本的目标，通常要考虑以下的原则和方法：

（1）拣货区、存储区以及出入口位置合理布局；

（2）减少各拣货路线之间的冲突；

（3）采用合理的拣货策略；

（4）确定合理的拣货路径；

（5）提高保管效率，充分利用存储空间；

（6）人员和设备配备充足，配合良好、供需平衡；

（7）减少拣货出错率。

（二）仓库运行系统设计相关理论

拣货作业几乎覆盖了仓库内的所有物流活动，其主要的影响因素包括：

（1）储存和拣货单位；

（2）仓储货位的分配方式；

（3）不同货种的拣货方式选择；

（4）拣货路径的确定方法；

（5）设备和人员的配备；

（6）搬运车辆停放点位置的选择等。

以上的影响因素中，对拣货作业影响最大、最主要的考虑因素包括三个：一是拣货方式的选择，二是拣货路线的确定，三是仓储策略的选择。

1. 拣货作业的流程和拣货单位

拣货作业就是根据仓库订单中对不同种类、数量的商品的需求，在仓库中进行集中的作业过程。主要包括生成拣货单、行走或搬运、拣取和分类与集中等几个环节，如附图2－6所示：

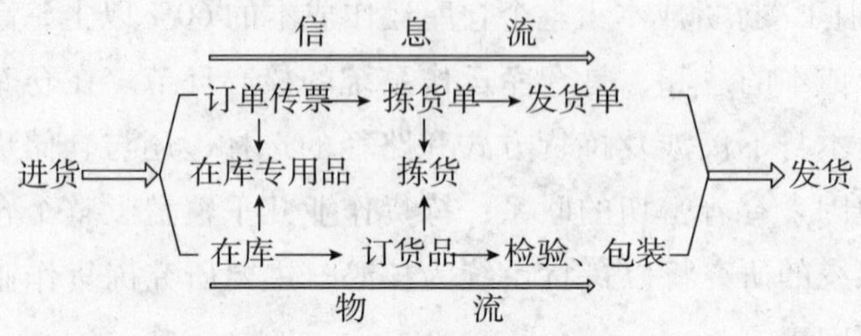

附图 2-6 拣货作业流程

拣货作业的单位主要分为托盘、箱和单品。

（1）单品：拣货的最小单位。单品可由箱中取出，可以用一只手进行拣货。

（2）箱：由单品所组成，可由托盘上取出，用人手时必须用双手进行拣货。

（3）托盘：由箱叠积而成，无法用人手直接搬运，必须利用堆垛机或拖板车等机械设备。

（4）特殊品：体积大、形状特殊，无法按托盘、箱归类，或必须在特殊条件下作业者，如大型家具、桶装油料、长杆形货物、冷冻货品等，都属于具有特殊的商品特性，拣货系统的设计将严格受到限制。

拣货单位是根据订单分析结果而决定的。如果订货的最小单位是箱，则拣货单位最少是以箱为单位。对于大体积、形状特殊的无法按托盘和箱来归类的特殊商品，则用特殊的拣货方法。库存的每一品项皆需作以上的分析，以判断拣货的单位，但一些品项可能因为需要而有两种以上的拣货单位，则针对每一种情况进行分区处理。

2. 拣货作业的评价指标

拣货系统设计的最终目标是使拣货作业的效率高、时间少而成本低，同时设备和人员达到合理的利用率。所以对拣货系统进行评价的主要指标应包括时间指标和成本指标。

（1）拣货时间

提高拣货系统的效率的根本点在于缩短拣货的时间，拣货时间是最能反映拣货作业的处理能力的指标。通常情况下，拣货的时间包括：

①拣货员到货架的时间；

②寻找货物的时间；

③取出货物的时间；

④拿回货物的时间；

⑤对货物进行集中或分类的时间。

拣货时间就是以上五项时间的总和，对拣货系统的时间进行评价时，最重要的是拣货的总时间尽可能少。其次，还要考虑一些与时间有关的一些指标：

①单位时间处理订单数：拣货系统单位时间处理订单的能力。

$$单位时间处理订单数=\frac{订单数量}{每日拣货时数\times 工作天数}$$

②单位时间拣货品项数：拣货系统单位时间处理的品项数。

$$单位时间拣货品项数=\frac{订单数量\times 每件订单平均品项数}{每日拣货时数\times 工作天数}$$

③单位时间拣货次数：拣货所付出的劳动力多少的程度。

$$单位时间拣货次数=\frac{拣货单位累计总次数}{每日拣货时数\times 工作天数}$$

④单位时间拣货体积数：单位时间物流体积拣货量。

$$单位时间拣货体积数=\frac{发货品体积数}{每日拣货时数\times 工作天数}$$

（2）拣货成本

由于拣货成本占据了仓库的绝大部分成本，所以仓库成本降低的核心是降低拣货成本。拣货成本主要包括：

①人工成本：直接或间接拣货工时成本。

②拣货设备折旧和运行成本：储存、搬运和计算机信息处理等设备折旧费。

对成本的评价主要采用以下指标：

$$每笔订单投入的拣货成本=\frac{拣货投入成本}{订单数量}$$

$$每拣货单位投入的拣货成本=\frac{拣货投入成本}{拣货单位累计总件数}$$

$$单位体积投入的拣货成本=\frac{拣货投入成本}{发货品体积数}$$

3. 拣选策略

1）拣选策略的定性比较

拣货策略的优劣是影响拣货效率的重要因素，在决定采取何种拣货策略时，首先要考虑货物的特性、货物的储存和拣货单位、储存方式、各种拣货方式的优缺点以及适应范围和拣货的设备等。最常用的两种拣货策略是单一订单拣货和订单分批拣货，另外还有订单分割拣货、拣货员分区拣货等。

（1）单一订单拣货

单一订单拣货是针对每一张订单，拣货员巡回在仓库间，将客户所需的产品逐项从仓库中挑出的方法，是较为传统的拣货方法。

（2）订单分批拣货

订单分批拣货是为了提高拣货效率而将多张订单集合成一批，依商品的类别将数量相加后再进行拣货，之后按客户订单作分类处理。订单分批拣货不仅缩短了拣取时平均行走搬运的距离，也减少了重复寻找储位的时间，使拣货效率提高，分批拣货特别适应于品项数量少而订单数量大的系统，越是少量多次的配送，批量拣取就越有效。

对订单进行分批拣货同时也会带来订单分类的复杂性、订单延迟等一系列问题，所以在进行订单分批时还要考虑以下因素影响：一是订单延迟的成本，二是可得的暂存空间，三是订单变化的柔性，四是订单中所有货物都在库存中的可能性。

（3）订单分割拣货

当一张订单所订购的商品项目较多，或欲设计一个快速处理的拣货系统时，为了能在短时间内完成拣货处理，应将订单切成若干割订单，交由不同的拣货人员同时进行拣货作业以便加速拣货。

（4）拣货员分区拣货

拣货员分区拣货是指将库存分为几个不同的拣货区，每一个拣货区都有相应的拣货人员，在本区内拣取货物，然后将各区拣取的货物进行集中拣货方法。分区方式可分为拣货单位分区、拣货方式分区及工作分区。

各种拣货策略的适应范围和优缺点如附表 2－6 所示。通常情况下，在根据订单进行拣货时，以上各种拣货的方法可以配合使用，使得拣货的效率进一步提高，如订单分割策略和拣货员分区拣货通常可以结合使用，分区拣货和分批策略通常也可以同时使用。当各种拣货策略配合使用时，通常要考虑订单中的货物品种组成，订单中货物在仓储区中的分布以及每一种订单的单独拣货时间。

附表 2－6　　各种拣货策略的适应范围及优缺点比较

拣货方式	优点	缺点	适应范围
单一订单拣货	作业方法简单 前置时间短 作业人员责任明确 保持了订单的完整性	商品品项多时，拣货行走路径加长，拣货效率低 拣货区域大，搬运系统设计困难	适合少品种、大批量的客户订货，订单大小差异大，订单数量变化频繁，有季节性趋势
订单分批拣货	符合一般仓库货物的实际情况 缩短拣货时行走搬运距离，增加单位时间拣货量	对订单无法做到及时反应 产生货物的停滞时间 增加了分类环节 丧失了订单的完整性	适应于订单大小变化小，订单数量稳定，且货品外形体积较规则
订单分割拣货	加速拣货速度 与分区策略结合，合理分配资源	增加了集中环节和订单处理难度 增加了拣货的出错率	适应于订单的品项数多、单一订单的订货数量较多，通常与分区策略结合
拣货员分区拣货	拣货员对负责区域熟悉，拣货效率较高 货物合理分区，缩短拣货距离	需要配备更多的人员和设备 增加了订单分拣的错误率	适合于库存商品具有明显的品类或部分商品互相兼容或相关性大

2）订单拣货的分批算法

在分批订单生成过程中，必须决定如何从已经到达的订单中将合适的订单选择出来组成新的订单，使得在这种组合下，拣货的时间达到最短。这就是分批算法所要完成的任务，通常情况下，可以使用以下三种算法：

（1）先到先服务的定量分批算法

先到先服务的定量分批算法是最简单的分批算法，这种算法不需要计算，主要根据拣货人员一次拣货批量的要求，按照订单先到先服务的原则，将订单组成一个分批订单进行拣货。这种方法的优点是操作较简单，但对降低拣货时间的效果不大，有时甚至会大幅度增加拣货人员的拣货路径长度。

（2）冒泡算法

冒泡算法主要包括两步：一是在已经进入分批订单中的订单中选择合适的订单加入到拣货路线中；二是在还没有进入分批订单的订单中选择合适的订单加入到分批订单中，并不超过拣货人员的拣货能力。

对第一步的订单选择，主要有以下几种方法：

①随机选择订单；

②选择在订单货物中，具有最远的品项的订单；

③选择需要访问的过道最多的订单；

④选择需要行走最长时间的订单；

⑤选择订单中货物跨度最大的订单；

⑥选择货物品项数最多的订单。

对第二步的订单选择，也存在以下几种方法：

①选择会使生成的拣货订单中各个货物品项的拣货路径之和最短以及该订单中的最近的货物品项是所有未选订单中最小的订单；

②选择未选订单中各个货物品项的拣货路径之和最短以及会使生成的拣货订单中最近的货物品项最小的订单；

③选择订单的重心与已形成的拣货订单的重心之间的差别最小的订单（订单的重心是指订单平均的过道数量）；

④选择与已形成的拣货订单的拣货路径相比，需要行走额外通道数最少的订单；

⑤选择将此订单加入到分批订单中会时间节约最大的订单。

冒泡算法的核心就是从以上两方面的选择原则中选出最好的组合，使得拣货的总时间或总距离是最少的。所以，冒泡算法不是确定的算法，而是从以上所能产生的30（5×6）种组合中经过比较实验的出最优的分批方法。

（3）节约算法

节约算法的理论基础是分批拣货的时间节约，即分批拣货所需要的时间与单张订单分别拣货所需要的时间之和相比较，使总的时间节约最少的组合便是最优的分批方法。通常，我们设订单 i 和 j 单独拣货的时间分别为 t_i 和 t_j，两个订单共同拣货的时间为 t_{ij}，则分批拣货所产生的时间节约为 $s_{ij} = t_i + t_j - t_{ij}$。根据所使用的变量的不同，节约算法主要包含以下三种算法。

• 克拉克 & 怀特算法

①基本变量的确定 $C\&W(1)$。

本算法主要包括以下步骤：

第一步：在拣货人员一次拣货能力范围内，计算在所有订单组合下的时间节约 s_{ij}。

第二步：将所计算的 s_{ij} 按降序排列。

第三步：选择 s_{ij} 最大的订单组合，在存在多个订单组合的 s_{ij} 同时最大时，随机选择一订单组合。

第四步：考虑以下三种情况。

a. 订单组合中任何一个订单都不存在于现存的拣货路径中，而且此订单组合加入到分批订单中，不会超过拣货人员的拣货能力，则将此订单组合并入分批订单中；

b. 其中一个订单已经包含在分批订单中，另一个订单也包含在分批订单的拣货路径中，则将其也加入到分批订单中；否则进入第五步；

c. 两个订单都已包含在分批订单中，则进入第五步。

第五步：从订单组合中选择下一个订单组，并重复第四步，直到所有订单都包含在分批订单中，并不超过拣货人员的拣货能力。

举例说明：

仓库中目前需要拣货的订单包括 7 个，每个订单的货物数量如附表 2－7 所示，每一订单中货位在仓库中的存放位置如附图 2－7 所示。假设该仓库内有 7 排货架，每排货架有 15 个货位，通道的长度是 15m，通道中心的宽度是 4m，卸货点位于仓库的最左端，拣货人员的平均拣货速度是 1m/s，拣货能力为 8，采用 S 形拣货策略。

附表 2－7　　订单数及品项数

订单	1	2	3	4	5	6	7
品项数	4	6	4	2	3	5	1

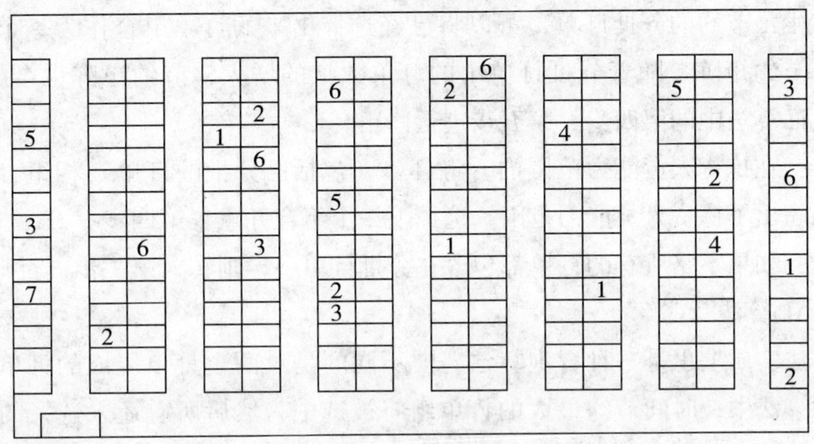

附图 2－7　仓库及货物分布

根据节约算法得出的节约矩阵表如附表 2－8 所示，表中的 X 代表该种组合超出了拣货人员的拣货能力，由于采用了 S 形拣货路线，所以出现负数也是完全可能的。

附表 2－8　　节约矩阵表

订单	1	2	3	4	5	6	7
1	—						
2	X	—					
3	74	X	—				
4	64	58	74	—			
5	68	X	94	54	—		
6	X	X	X	78	68	—	
7	－2	10	10	－4	10	－10	—

根据克拉克 & 怀特算法，将采用如下的步骤：

a. 将节约最大的组合（3，5）组成一个分批拣货订单；

b. 将节约次大的组合（4，6）也组成一个分批拣货订单；

c. 订单组合（1，3）和（3，4）都产生了 74 的节约，随机选择（1，3），它包含 8 件货物，所以由于拣货人员能力的限制，它不可能并入到第一个形成的拣货订单中，同样的订单组合（3，4）也是不可能的；

d. 下一个可能的订单组合是（2，7），它形成了一个新的分批拣货订单；

e. 最后剩下的订单 1 不可能加入到任何一个已经存在的分批订单中，所以它也形成了一个单独的拣货订单。因此，最后的分批拣货订单组合分别为（3，5）、（4，6）、（2，7）和（1）。

②重新计算节约矩阵 $C\&W(2)$。

为了产生最节约的分批订单，可以将已经选择出来的订单组合作为一个新的订单来重新计算节约矩阵，随着分批订单中的订单数量的增大，节约矩阵也会越来越小，所以要对上面算法中的第四步、第五步进行修正。

第四步：在拣货人员能力范围内，将订单（包括已分批的订单）相组合形成新的订单，如果超出了拣货人员能力范围，选择下一个组合并重复第四步。

第五步：如果不是所有的订单都包含在分批订单中，则转入第一步；否则，结束。

• EQUAL 算法

这种算法实质上也是一种冒泡算法，但不同的是对两个订单组成的订单组进行选择。在这种算法中，时间节约最大的订单组将被选中，然后所有还未选择的订单都将被考虑，产生最大时间节约的订单将加入到分批订单中，直到达到拣货人员的拣货能力。如果最后还有没有进入分批订单的订单，它们将进行单独的再分批。

• 最大—最小算法

在这种算法中需要事先确定一个临界的订单品项数，大于这一品项数的订单称为大订单，小于这一品项数的订单称为小订单，临界订单品项数的确定要根据所有订单的尺寸和拣货人员的拣货能力。在最大—最小算法中，所有的大订单首先根据 EQUAL 算法进行分批，然后将小订单从大到小进行排列，小订单中最大的订单将首先被考虑，在满足拣货员拣货能力的条件下，使得总的时间最省。如果小订单不合适于已经存在的分批订单，则建立一个新的分批订单。

4. 拣货路线策略

1）拣货路线的定性比较

拣货路径的选择通常有两类方法：启发式的方法和最优化方法。启发式的方法通常包括：S 形拣货方法（Traversal）、回程拣货方法（Return）、中间点拣货方法（Midpoint）、最大间隙拣货方法（Largest Gap）和综合拣货方法（Composite）。

（1）S 形拣货方法（Traversal）

S 形拣货方法是最简单的一种拣货路线的确定方法，如附图 2－8（a）所示，拣货人员从 *P/D* 点进入通道，穿越所有含有拣货单元的通道并回到 *P/D* 点。拣货过程中，拣货人员从通道的一端进入，从另一端离开进入下一个拣货通道，整个拣货过程呈 S 形。

（2）回程拣货方法（Return）

回程拣货方法也是一种较为简单的拣货路线确定方法，如附图 2－8（b）所示。与 S 形拣货方法不同的是，拣货人员从通道的一端进入通道拣货之后从同一端离开进入下一通道。

（3）中间点拣货方法（Midpoint）

中间点拣货方法将拣货区分为两段，如附图 2－8（c）所示，拣货人员最多进入到通道的中间点，一个拣货员只拣取一半拣货区的货物，拣货员或者从第一个货架开始拣货，或者从最后一个货架开始拣货，也可以从两边同时拣货。

（4）最大间隙拣货方法（Largest Gap）

最大间隙拣货方法与中间点拣货方法相似，所不同的是在此方法中，拣货员要在一个过道内行走到货物之间的最大间隙，如附图2－8（d）所示。这里所说的间隙就是指任何两个要拣取的货物之间的间隔距离，起始点和第一个拣货单位之间的距离，最后一个拣货单位和拣货终点之间的距离。如果最大间隙是在两个相邻的拣货单元之间，拣货员在此通道中就执行回程拣货，这样，在某一通道中的最大间隙，其实就是拣货人员不需要行走的路径。

（5）综合拣货方法（Composite）

综合拣货方法结合了S形拣货方法和回程拣货方法的优点，从而是两个相邻拣货通道间最远的拣货单元之间的行走距离最短，如附图2－8（e）所示，第一通道的最远拣货单元在第二个货位，第二个通道的最远拣货单元在第八个货位，用回程方法拣货，这两个货位的拣货距离是10个货位距离，比S形拣货方法节省1个货位距离，从第二个通道到第三个通道使用S形拣货方法，比用回程方法节省6个货位距离。

Ratliff和Rosenthal在1983年提出了对仓储区进行拣货的最优化的计算方法，仓储区路径的确定过程实际上是确定从起点到终点的最短路的问题（Travel Salesman Problem）。最优化的拣货路径确定方法就是根据这一原理编制算法，并在电脑上运行，可以方便、快速地得到最短的拣货路径。从最优化方法确定的拣货路径来看，最优化方法通常就是S形拣货路径和最大间隙拣货路径的一个结合。最优化方法虽然使得拣货的总路径最短，但由于在最优化的拣货路径中，部分拣货通道要进入两次或更多次，这就增加了拣货人员的拣货难度，使得拣货人员将拣货货物混淆，导致错误，从而增加不必要的拣货距离或漏拣货物。

与最优化拣货路径确定方法相比，启发式的算法更加直接简便、易于接受，确定的拣货路线更适于拣货人员进行拣货，而且，通常情况下，综合拣货方法可以生成一个近似最优的拣货路径。

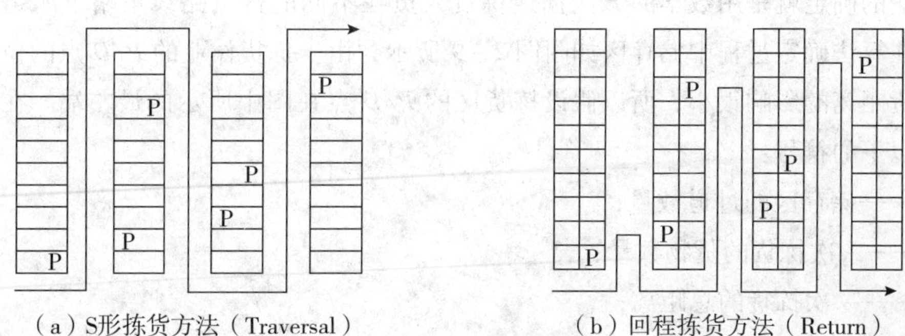

（a）S形拣货方法（Traversal）　　（b）回程拣货方法（Return）

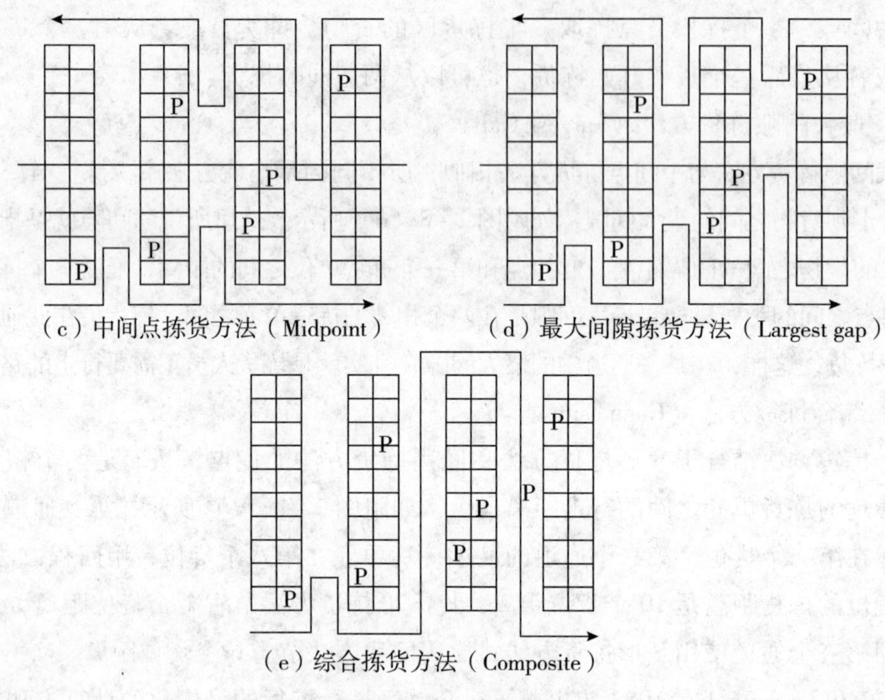
（c）中间点拣货方法（Midpoint）　（d）最大间隙拣货方法（Largest gap）

（e）综合拣货方法（Composite）

附图 2-8　拣货路径

制订拣货路径的目标是使拣货人员的行走路线最短，最优化过程提供了最好的解决方法，但可能导致拣货路径的混乱，启发式的方法通常也会产生近乎最优化的解决方法，而且易于应用。S形拣货方法比较简单，所以在很多仓库中被广泛应用，在拣货通道内的拣货密度较大时，会提供较好的解决方法。组合的启发式方法将拣货路径和回程路径结合起来考虑，从而进一步降低了拣货人员的移动距离，产生了近似的优化方法。

2）拣货路径的算法确定

在仓库的拣货作业过程中，拣货人员的拣货路径主要包括两部分：一是拣货人员沿着垂直于货架的方向拣货的距离，二是拣货人员在过道内拣货所走过的距离。拣货路径方法的确定就是用数学的方法描述拣货人员在不同的拣货路线策略下所走过的总距离。在算法确定过程中储存区如附图 2-9 所示，由于拣货作业的 P/D 点的位置的放置对拣货距离的影响很小，所以假设拣货区的 P/D 点在图中所示的最左端。在算法中将用到以下的符号：

M ——储存区的过道数量；

n ——一次拣货的货物数量；

D ——一次拣货的总距离；

D_1 ——拣货人员沿着垂直于货架的方向拣货的距离；

D_2——拣货人员在过道内拣货所走过的总距离；

d_1——过道中心之间的距离；

d_2——过道的长度；

d_3——拣货人员在单一过道内行走的距离。

附图2－9　仓储区布局

拣货路径算法所要描述的便是在几种比较典型的拣货路径确定方法如S形启发算法、中间点拣货算法、最大间隙拣货算法和最优化拣货算法中一次拣货的总距离：

$$D = D_1 + D_2$$

（1）S形启发算法

在S形拣货策略下，拣货人员在垂直于货架方向所行走的距离就是拣货人员到最远的货架的距离的两倍，所以 D_1 确定的关键是找到拣货人员拣货的最远的货架。

在仓储区进行拣货的过程实际上可以看作一个占有率问题，即如何在 M 个过道中拣取 n 项货物的问题。假设订单中的一件货物存在于第 i 个过道的概率是 p_i，每一件货物在货架中存在的概率是相互独立的，所以在拣取 n 件货物的条件下，每一个货架内所拣取的货物数量的概率服从二项联合概率分布：

$$P\{X_1 = x_1, X_2 = x_2, \cdots, X_M = x_M \mid n\} = \binom{n}{x_1}\binom{n - x_1}{x_2}\cdots\binom{n - x_1 - x_2 - \cdots - x_{M-1}}{x_M} p_1^{x_1} p_2^{x_2} \cdots p_M^{x_M}$$

式中：$x_i \geqslant 0, i = 1, 2, \cdots, M$　　　$\sum_{i=1}^{M} x_i = n$

所以拣货人员拣货所要到达最远的货架 J 的期望值为：

$$E[J \mid n] = M - \sum_{i=1}^{M} (1 - p_i)^n$$

由此可以得出拣货人员在垂直于货架方向所行走的距离的期望：

$$E[D_1] = E[J \mid n] \times d_1 + \frac{d_3}{2} = \left(M - \sum_{i=1}^{M} (1 - p_i)^n\right) \times d_1 + \frac{d_3}{2}$$

实际上，无论是S形启发算法，还是其他的各种启发算法以及最优化的算法，拣货人员在垂直于货架方向所行走的距离都是相同的，所以上一公式对所研究的所有拣货方法都是适应的。

在S形启发算法中，拣货人员必须穿越所有的包含拣货单位的过道中。因此，拣货人员在过道中拣货行走距离的期望为：

$$E[D_2] = d_2 M\{1 - [(M-1)/M]^N\} + 0.5d_2$$

因此，在S形启发算法中，拣货人员的拣货总路径的期望为：

$$E[D_s] = \left(M - \sum_{i=1}^{M} (1 - p_i)^n\right) \times d_1 + \frac{d_3}{2} + d_2 M\left\{1 - \left[\left(\frac{M-1}{M}\right)\right]^N\right\} + 0.5d_2$$

（2）中间点拣货算法

在中间点拣货方法中，拣货人员在通道中只行走一半的距离，所以根据二项分布，拣货人员在过道内行走的距离的期望为：

$$\begin{aligned} E[D_2] &= 2M \sum_{i=1}^{n} P(i\text{件货物在半部分通道中}) \times \mathrm{E}(\text{拣货距离} \mid i\text{件货物在半部分通道中}) \\ &= 2M \sum_{i=1}^{n} \binom{n}{i} \left(\frac{1}{2M}\right)^i \left(\frac{2M-1}{2M}\right)^{n-i} \frac{d_2}{2} \left(\frac{i}{i+1}\right) \\ &= Md_2 \sum_{i=1}^{n} \binom{n}{i} \left(\frac{1}{2M}\right)^i \left(\frac{2M-1}{2M}\right)^{n-i} \left(\frac{i}{i+1}\right) \end{aligned}$$

所以，在中间点拣货方法拣货人员拣货总路径的期望为：

$$E[D_m] = \left(M - \sum_{i=1}^{M} (1 - p_i)^n\right) \times d_1 + \frac{d_3}{2} + Md_2 \sum_{i=1}^{n} \binom{n}{i} \left(\frac{1}{2M}\right)^i \left(\frac{2M-1}{2M}\right)^{n-i} \left(\frac{i}{i+1}\right)$$

（3）最大间隙拣货算法

最大间隙拣货算法是对中间点拣货方法的进一步改进，在中间点拣货方法中，拣货人员最远走到中间点，而在最大间隙拣货方法中，拣货人员可以越过中间点，并走到最大间隙。在此中方法中，拣货人员在过道内行走的距离的期望为：

$$\begin{aligned} E[D_2] &= M \sum_{i=1}^{n} P(\text{有}\,i\,\text{件货物在此通道中}) \times E(d_3 \mid i\,\text{件货物在通道中}) \\ &= M \sum_{i=1}^{n} \binom{n}{i} \left(\frac{1}{M}\right)^i \left(\frac{M-1}{M}\right)^{n-i} E(d_3 \mid i\,\text{件货物在通道中}) \end{aligned}$$

（4）最优化拣货路径算法

最优化的拣货路径是S形启发算法和最大间隙算法的结合，为了使拣货人员在过道内行走的距离最短，拣货人员或者从过道的同一端进出，或者从一端进入另一端出来，因此：

$$d_3^* = \min\{d_2, 2(d_2 - \max(g_i))\}$$

式中：d_3^* 代表最优化拣货方法中的在一个拣货通道中拣货的最短路径，g_i 代表第 i 个间隙的大小。

根据最优化拣货路径的算法，

$$E[d_3^* \mid i \text{ 件货物在通道中}] = d_2[1 - 0.5^i]$$

所以，拣货人员在过道内行走的距离的期望为：

$$E[D_2] = Md_2 \sum_{i=1}^{n} \binom{n}{i} \left(\frac{1}{M}\right)^i \left(\frac{M-1}{M}\right)^{n-i} (1 - 0.5^i)$$

最优的拣货总路径为：

$$E[D_0] = \left(M - \sum_{i=1}^{M} (1-p)^n\right) \times d_1 + \frac{d_3}{2} + Md_2 \sum_{i=1}^{n} \binom{n}{i} \left(\frac{1}{M}\right)^i \left(\frac{M-1}{M}\right)^{n-i} (1 - 0.5^i)$$

3）存储策略

对进入仓库的货物进行储存保管是仓库的核心功能，由于采取的仓储策略不同，对同一订单进行拣货会产生不同的拣货路径。采用合适的货物储存方式，可以大大缩减拣货的行走距离，从而提高拣货效率，所以仓储策略的选择也是拣货系统需要重点考虑的因素之一。

（1）仓储策略选择的考虑因素

对储存策略进行选择的主要目的有两个：一是尽可能提高仓储货位的利用率，二是提高拣货系统的拣货效率。要实现以上两个目标，在对储存策略进行选择时，要重点考虑以下因素：

①储存货物的周转率；

②储存产品的相关性；

③储存产品的同一性；

④储存产品的互补性；

⑤尽量做到产品的先进先出；

⑥储位布置明晰。

（2）常见的仓储策略及定性比较

目前仓库中储存货物的方式主要有固定货位存储、随机货位存储、ABC货位存储、按体积订单指数存储和按货物流量布局等，各种储存方式的优缺点和适应范围如附表2－9所示。

①固定货位存储：每一储存货品都有固定储位，货品不能互用储位，因此需要规划每一项货品的储位容量不得小于其可能的最大在库量。固定货位存储时拣货所需的总搬运时间较少，但确需要更多的仓储空间。

②随机货位存储：每一个货品被指派储存的位置都是随机产生的，而且可经常改变；也就是说，任何品项可以被存放在任何可利用的位置。此随机原则一般由储存人员按习惯来储存，且通常按货品入库的时间顺序储存于靠近出入口的储位。

③ABC 货位存储：通常，在仓库中 20% 的产品占有 80% 的周转量，据此将库存产品分为 ABC 三类。根据 ABC 分类，将库存量最大的 A 类产品存放最靠近出入口的储存区内，B 类和 C 类以次向后存放，这就是 ABC 类别的存储方法。

④按体积订单指数存储：体积订单指数（COI）是指储存货物所需的平均空间与该货物的日平均订单数量的比值，这一指数低的货位应尽可能靠近仓库的出入口布置。

⑤按货物流量布局：根据仓库内各种货物吞吐量的统计资料，将平均日周转量最大货物布置在最靠近出入口的位置，其他货物依据周转量的大小依次向后排放。

附表 2－9　　储存策略比较

拣货方式	优点	缺点	适应范围
固定货位存储	拣货人员容易熟悉货品储位 货品的储位可按周转率大小或出货频率来安排，以缩短出入库搬运距离 减少不同特性的货品间的影响	储位必须按各项货品的最大在库量设计，仓储空间的利用率低	各种货物的特性差别较大，储存单位的差别大，多种少量货物的储存，同时仓储空间较大
随机货位存储	储位可共同使用，只需按所有库存货品最大在库量设计即可，储区的空间利用率较高	增加了货物的出入库管理及盘点工作的难度 增加了出入的搬运距离 可能产生货物间的影响	仓库货物的种类较少、体积较大，而且不同货物的储存单位基本一致，仓库的储存空间较少
ABC 货位存储	提高了 A 类产品的拣货速度 总体上缩短了搬运距离	增加了仓库管理的难度 未考虑 C 类中的大件产品，由于排列在仓储区后方，增加了设备和人力成本	货物具有明显的 ABC 分类特性，产品规格较统一
按体积订单指数存储	使最大数量的存货尽可能移动最短的距离 考虑了货物的体积因素	需要较完备的仓库货物统计资料	货物种类和周转量增长较稳定
按货物流量布局	将物流量最大的货物布置在最靠近出入口的位置，缩短了进出货时间	没有考虑货物的特性	产品特性相近、规格较统一，货种较少

（3）仓储策略的量化

如上文所述，仓储布局方法主要包括固定货位存储、随机货位存储、ABC 货位存储、按体积订单指数存储、按货物流量布局等方法，采用不同的仓储布局方法将影响货物在仓储区的分布，在仓储的拣货作业过程中，将影响拣货人员的拣货路径。从以上所描述的不同拣货方法的算法中可以看出，由于采用不同的仓储布局方法，各类货物在每一个货架中存在的概率是不同的，也就是说订单中的一件货物在不同的过道中存在的概率是不同的，而不是上文所假设的均为 $1/M$ 或 $1/2M$ 。这样，采用不同的仓储布局方法，将主要影响拣货人员在过道内的拣货距离。

实际上，拣货人员在过道内行走距离的期望可以统一表述为：

$$E(D_2) = \sum_{j=1}^{M} \left(\sum_{i=0}^{n} i \text{ 件货物在第} j \text{ 个过道的概率} \times \text{拣货员在第} j \text{ 个过道拣} i \text{ 件货的距离的期望值} \right)$$

由这一公式可以看出，仓储布局算法的关键就是确定不同仓储布局方法下，不同种货物在仓储区的货架种的概率分布，下面将重点介绍有代表性的固定货位存储、随机货位存储、ABC 货位存储和体积订单指数存储四种仓储方法的储存算法：

①固定货位存储。在固定货位存储中，由于各种货物在仓储区的分布都是固定的，所以针对每一种货物，它在仓储区每一个通道中存在的概率也是固定的。假设订单中有 c 种货物，其中第 i 种货物只存在于过道 l 与 k 中，则该种货物在第 $j(1 \leqslant j \leqslant M, j \neq l, k)$ 个过道中存在的概率为 0，在 l 和 k 过道中存在的概率均为 0.5。

②随机货位存储。上文对拣货路径算法的确定，实际上就是基于随机货位存储的假设，任何一件货物在仓储区的存储都是随机的，即订单中任何一件货物在第 j 个过道中存在的该率均为：

$$p = 1/M$$

这样，在随机存储的假设下，拣货人员在垂直于货架方向所行走的距离的期望为

$$E[D_1] = E[J|n] \times d_1 + \frac{d_3}{2} = \left(M - \sum_{i=1}^{M} (1 - 1/M)^n\right) \times d_1 + \frac{d_3}{2}$$

③ABC 货位存储。在 ABC 货位存储中，仓储区的货物被分为 ABC 三类，每一类都有固定的仓储区，其中 A 类最靠近卸货点，B 类和 C 类依次向后排列，在每一类的存储区内，货物也是随机存放的。假设 A 类货物包括 1～3 三种货物，占有 $1 \sim l$ 个通道的仓储空间，B 类货物包括 4～8 五种货物，占有 $l+1 \sim k$ 个通道的仓储空间，C 类货物包括 9～15 七种货物，占有 $k+1 \sim M$ 个通道的仓储空间。

④体积订单指数存储。体积订单指数存储与固定货位存储在对不同货物在不同通道中的概率的表述是基本一致的，所不同的是，体积订单指数存储是将指数最低的货物存放在离卸货点最近的存储区。

附录 3　仓储实训记录单

附表 3－1　　重叠式货物堆码实训记录单

<table>
<tr><td>操作内容</td><td>重叠式货物堆码</td></tr>
<tr><td>小组名单</td><td></td></tr>
<tr><td>操作方法</td><td>（1）将货品箱平行排列，根据托盘规格设计重叠式堆码法每种货物的堆码摆放形式
（2）堆码过程中按先远后近的原则堆码
（3）将底层的货品箱堆码整齐，箱与箱之间不留空隙
（4）箱与箱的交接面为正面与正面衔接，侧面与下侧面衔接
（5）将货品箱逐层叠堆码，层与层之间的货品箱平行，货品箱的四个角边重叠，方向相同，直到堆码完成
（6）填好卡片，贴在货品箱上</td></tr>
<tr><td rowspan="3">操作过程记录</td><td>（1）设计重叠式堆码法货品箱摆放形式
画出货品箱摆放设计图（标明长宽距离、层数等信息，单位 mm，比例 1:50）：

设计过程中出现的问题：
原因分析：
解决方法：</td></tr>
<tr><td>（2）按照设计图按先远后近的原则堆码货品箱，注意箱体的方向和间隙
记录事项：

问题：
原因：
解决方法：</td></tr>
<tr><td>（3）粘贴货品箱卡片
记录事项：

问题：
原因：
解决方法：</td></tr>
<tr><td rowspan="2">成果</td><td>成果：
（1）堆码设计图
（2）堆码整齐合格的货垛
（3）实训报告书</td></tr>
<tr><td>未提交原因：</td></tr>
<tr><td>小组总结</td><td></td></tr>
<tr><td>教师评价</td><td></td></tr>
</table>

附表 3－2　　**纵横交错式货物堆码实训记录单**

<table>
<tr><td>操作内容</td><td colspan="2">纵横交错式货物堆码</td></tr>
<tr><td>小组名单</td><td colspan="2"></td></tr>
<tr><td>操作方法</td><td colspan="2">(1) 将货品箱平行排列，根据托盘规格设计纵横交错式堆码法每种货物的堆码摆放形式
(2) 堆码过程中按先远后近的原则堆码
(3) 将底层的货品箱堆码整齐，箱与箱之间不留空隙
(4) 箱与箱的交接面为正面与正面衔接，侧面与下侧面衔接
(5) 将货品箱逐层叠堆码，层与层之间的货品箱平行，货品箱的四个角边重叠，方向相同，直到堆码完成
(6) 填好卡片，贴在货品箱上</td></tr>
<tr><td rowspan="3">操作过程记录</td><td colspan="2">(1) 设计纵横交错式堆码法货品箱摆放形式
画出货品箱摆放设计图（标明长宽距离、层数等信息，单位 mm，比例 1∶50）：

设计过程中出现的问题：
原因分析：
解决方法：</td></tr>
<tr><td colspan="2">(2) 按照设计图按先远后近的原则堆码货品箱，注意箱体的方向和间隙
记录事项：

问题：
原因：
解决方法：</td></tr>
<tr><td colspan="2">(3) 粘贴货品箱卡片
记录事项：

问题：
原因：
解决方法：</td></tr>
<tr><td rowspan="2">成果</td><td colspan="2">成果：
(1) 堆码设计图
(2) 堆码整齐合格的货垛
(3) 实训报告书</td></tr>
<tr><td colspan="2">未提交原因：</td></tr>
<tr><td>小组总结</td><td colspan="2"></td></tr>
<tr><td>教师评价</td><td colspan="2"></td></tr>
</table>

附表 3－3　　压缝式货物堆码实训记录单

操作内容	压缝式货物堆码
小组名单	
操作方法	(1) 将货品箱平行排列，根据托盘规格设计压缝式堆码法每种货物的堆码摆放形式 (2) 堆码过程中按先远后近的原则堆码 (3) 将底层的货品箱堆码整齐，箱与箱之间不留空隙 (4) 箱与箱的交接面为正面与正面衔接，侧面与下侧面衔接 (5) 将货品箱逐层叠堆码，层与层之间的货品箱平行，货品箱的四个角边重叠，方向相同，直到堆码完成 (6) 填好卡片，贴在货品箱上
操作过程记录	(1) 设计压缝式堆码法货品箱摆放形式 画出货品箱摆放设计图（标明长宽距离、层数等信息，单位 mm，比例 1∶50）： 设计过程中出现的问题： 原因分析： 解决方法：
	(2) 按照设计图按先远后近的原则堆码货品箱，注意箱体的方向和间隙 记录事项： 问题： 原因： 解决方法：
	(3) 粘贴货品箱卡片 记录事项： 问题： 原因： 解决方法：
成果	成果： (1) 堆码设计图 (2) 堆码整齐合格的货垛 (3) 实训报告书
	未提交原因：
小组总结	
教师评价	

附表 3－4　　通风式货物堆码实训记录单

<table>
<tr><td>操作内容</td><td>通风式货物堆码</td></tr>
<tr><td>小组名单</td><td></td></tr>
<tr><td>操作方法</td><td>(1) 将货品箱平行排列，根据托盘规格设计通风式堆码法每种货物的堆码摆放形式
(2) 堆码过程中按先远后近的原则堆码
(3) 将底层的货品箱堆码整齐，箱与箱之间不留空隙
(4) 箱与箱的交接面为正面与正面衔接，侧面与下侧面衔接
(5) 将货品箱逐层叠堆码，层与层之间的货品箱平行，货品箱的四个角边重叠，方向相同，直到堆码完成
(6) 填好卡片，贴在货品箱上</td></tr>
<tr><td rowspan="3">操作过程记录</td><td>(1) 设计通风式堆码法货品箱摆放形式
画出货品箱摆放设计图（标明长宽距离、层数等信息，单位 mm，比例 1∶50）：

设计过程中出现的问题：
原因分析：
解决方法：</td></tr>
<tr><td>(2) 按照设计图按先远后近的原则堆码货品箱，注意箱体的方向和间隙
记录事项：

问题：
原因：
解决方法：</td></tr>
<tr><td>(3) 粘贴货品箱卡片
记录事项：

问题：
原因：
解决方法：</td></tr>
<tr><td rowspan="2">成果</td><td>成果：
(1) 堆码设计图
(2) 堆码整齐合格的货垛
(3) 实训报告书</td></tr>
<tr><td>未提交原因：</td></tr>
<tr><td>小组总结</td><td></td></tr>
<tr><td>教师评价</td><td></td></tr>
</table>

附表 3－5　　五五式货物堆码实训记录单

<table>
<tr><td>操作内容</td><td>五五式货物堆码</td></tr>
<tr><td>小组名单</td><td></td></tr>
<tr><td>操作方法</td><td>(1) 将货品箱平行排列，根据托盘规格设计五五式堆码法每种货物的堆码摆放形式
(2) 堆码过程中按先远后近的原则堆码
(3) 将底层的货品箱堆码整齐，箱与箱之间不留空隙
(4) 箱与箱的交接面为正面与正面衔接，侧面与下侧面衔接
(5) 将货品箱逐层叠堆码，层与层之间的货品箱平行，货品箱的四个角边重叠，方向相同，直到堆码完成
(6) 填好卡片，贴在货品箱上</td></tr>
<tr><td rowspan="3">操作过程记录</td><td>(1) 设计五五式堆码法货品箱摆放形式
画出货品箱摆放设计图（标明长宽距离、层数等信息，单位 mm，比例 1∶50）：

设计过程中出现的问题：
原因分析：
解决方法：</td></tr>
<tr><td>(2) 按照设计图按先远后近的原则堆码货品箱，注意箱体的方向和间隙
记录事项：

问题：
原因：
解决方法：</td></tr>
<tr><td>(3) 粘贴货品箱卡片
记录事项：

问题：
原因：
解决方法：</td></tr>
<tr><td rowspan="2">成果</td><td>成果：
(1) 堆码设计图
(2) 堆码整齐合格的货垛
(3) 实训报告书</td></tr>
<tr><td>未提交原因：</td></tr>
<tr><td>小组总结</td><td></td></tr>
<tr><td>教师评价</td><td></td></tr>
</table>

附表 3－6　　垫垛与苫盖实训记录单

<table>
<tr><td>操作内容</td><td>垫垛与苫盖</td></tr>
<tr><td>小组名单</td><td></td></tr>
<tr><td>操作方法</td><td>(1) 将货品箱平行排列，根据托盘规格设计五五式堆码法每种货物的堆码摆放形式
(2) 堆码过程中按先远后近的原则堆码
(3) 将底层的货品箱堆码整齐，箱与箱之间不留空隙
(4) 箱与箱的交接面为正面与正面衔接，侧面与下侧面衔接
(5) 将货品箱逐层叠堆码，层与层之间的货品箱平行，货品箱的四个角边重叠，方向相同，直到堆码完成
(6) 填好卡片，贴在货品箱上</td></tr>
<tr><td rowspan="3">操作过程记录</td><td>(1) 设计五五式堆码法货品箱摆放形式
画出货品箱摆放设计图（标明长宽距离、层数等信息，单位 mm，比例 1:50）：

设计过程中出现的问题：
原因分析：
解决方法：</td></tr>
<tr><td>(2) 按照设计图按先远后近的原则堆码货品箱，注意箱体的方向和间隙
记录事项：

问题：
原因：
解决方法：</td></tr>
<tr><td>(3) 粘贴货品箱卡片
记录事项：

问题：
原因：
解决方法：</td></tr>
<tr><td rowspan="2">成果</td><td>成果：
(1) 堆码设计图
(2) 堆码整齐合格的货垛
(3) 实训报告书</td></tr>
<tr><td>未提交原因：</td></tr>
<tr><td>小组总结</td><td></td></tr>
<tr><td>教师评价</td><td></td></tr>
</table>

附表 3-7　　仓储环境监测实训记录单

操作内容	仓储环境监测
小组名单	
操作方法	(1) 使用温湿度计，检测仓库的温湿度，并填写记录表 (2) 检查货物，查看是否有生锈、发霉、变质的现象，并记录 (3) 将有生锈的货物进行除锈处理，处理方法根据货物的具体情况确定，练习使用砂纸、除锈剂等 (4) 将有发霉变质的货物挑出，给仓库进行防霉处理。可练习使用防霉剂等 (5) 处理完毕，填写过程记录
操作过程记录	(1) 检测温湿度，并填写记录单 检测出得平均温湿度： 检测中出现的问题： 原因分析： 解决方法：
	(2) 检测货物是否有生锈、发霉的迹象，并记录 记录事项： 检测中出现的问题： 原因分析： 解决方法：
	(3) 除锈处理，使用砂纸、除锈油等 记录事项： 操作中的问题： 原因： 解决方法：
	(4) 防霉处理，给仓库设计防霉方案，添加防霉剂 记录事项： 操作中的问题： 原因： 解决方法：
成果	成果： (1) 温湿度记录表 (2) 实训报告书
	未提交原因：
小组总结	
教师评价	

附表 3－8　　储存方案设计实训记录单

<table>
<tr><td>操作内容</td><td>储存方案设计</td></tr>
<tr><td>小组名单</td><td></td></tr>
<tr><td>操作方法</td><td>(1) 分析货物信息，给货物进行归类
(2) 查询信息，确定货物储存的温湿度条件、监管条件、防虫防霉等环境条件等，并记录
(3) 按照货物保管的具体条件，给货物设计保管方案，明确说明环境条件要求及保障措施
(4) 检查方案是否合理，是否会出现货物变质或者减损，并提出预防措施</td></tr>
<tr><td rowspan="4">操作过程记录</td><td>(1) 货物归类
货物归类结果描述：<table><tr><td></td><td>货品性质</td><td>货品种类</td></tr><tr><td>第 1 类</td><td></td><td></td></tr><tr><td>第 2 类</td><td></td><td></td></tr><tr><td>……</td><td></td><td></td></tr></table>归类中出现的问题：
原因分析：
解决方法：</td></tr>
<tr><td>(2) 按照不同类别，分别列出货物储存条件
(可另外附上存储条件说明)<table><tr><td></td><td>货品性质</td><td>温湿度条件</td><td>酸碱性</td><td>防虫要求</td><td>……</td></tr><tr><td>第 1 类</td><td></td><td></td><td></td><td></td><td></td></tr><tr><td>第 2 类</td><td></td><td></td><td></td><td></td><td></td></tr><tr><td>……</td><td></td><td></td><td></td><td></td><td></td></tr></table>分析出现的问题：
原因分析：
解决方法：</td></tr>
<tr><td>(3) 根据不同货物的储存要求，设计货物保管方案
记录事项：
出现的问题：
原因：
解决方法：</td></tr>
<tr><td>(4) 检查方案，提出预防货物减损或变质的措施
记录事项：
操作中的问题：
原因：
解决方法：</td></tr>
</table>

续 表

操作内容	储存方案设计
成果	成果： （1）一份货物存储方案设计说明书。其中，应包括货品归类、存储条件分析、存储方案、存储注意事项、防损措施等内容 （2）实训报告书
	未提交原因：
小组总结	
教师评价	

附表 3－9 **仓库盘点实训记录单**

操作内容	仓库盘点
小组名单	
操作方法	(1) 盘点准备，确定人员分工，初盘员、复盘员，领取盘点票盘点单，给盘点票编码 (2) 初盘，填写盘点票、盘点单 (3) 复盘，填写盘点票、盘点单 (4) 核对两次盘点的清单结果，分析盘点出入，并分析原因
操作过程记录	(1) 盘点准备，盘点票编码 采用的盘点方法： 人员分工： 盘点票数： 编码号起始号：　　　　结束号： 盘点准备中的问题： 原因分析： 解决方法：
	(2) 初盘，填写盘点票盘点单 初盘点票起止号： 初盘点单编码： 初盘出现的问题： 原因分析： 解决方法：
	(3) 复盘，填写盘点票、盘点单 复盘点票起止号： 复盘点单编码： 复盘出现的问题： 原因： 解决方法：
	(4) 盘点分析 盘点盈亏出入项目： 盈亏额度： 盈亏原因分析： 盘点误差原因分析： 解决方法：

续 表

操作内容	仓库盘点
小组名单	
成果	成果： （1）盘点票 （2）初盘单，复盘单 （3）盈亏分析表 （4）盘点盈亏分析报告 （5）实训报告书
	未提交原因：
小组总结	
教师评价	